Antara Reimann

KRAFTPLÄTZE für deine Seele

Eigene heilige Räume gestalten

Schirner Verlag

Die Ratschläge in diesem Buch sind sorgfältig erwogen und geprüft. Sie bieten jedoch keinen Ersatz für kompetenten medizinischen Rat, sondern dienen der Begleitung und der Anregung der Selbstheilungskräfte. Alle Angaben in diesem Buch erfolgen daher ohne Gewährleistung oder Garantie seitens der Autorin oder des Verlages. Eine Haftung der Autorin bzw. des Verlages und seiner Beauftragten für Personen-, Sach- und Vermögensschäden ist ausgeschlossen.

Wir verzichten auf das Einschweißen unserer Bücher – **UNSERER UMWELT ZULIEBE!**

ISBN Printausgabe 978-3-8434-1482-1
ISBN E-Book 978-3-8434-6469-7

Antara Reimann:
Kraftplätze für deine Seele
Eigene heilige Räume gestalten

Umschlag: Elena Lebsack, Schirner,
unter Verwendung von #1050802598
(© Maksim Gusarov) und #10535440
(© Mike Monahan), www.shutterstock.com
Layout: Elena Lebsack, Schirner
Lektorat: Bastian Rittinghaus &
Ina Keller, Schirner
Printed by: Ren Medien GmbH, Germany

www.schirner.com

1. Auflage November 2021

Deine Absicht formt die Vollkommenheit.
Deine Klarheit erschafft lebendige Entwicklung.
Deine Herzensschwingung erkennt, was richtig ist.
Wisse, dass du Kraftvolles entstehen lässt.
Sei du die Veränderung, die dein Leben bereichert.

Mögest du Vertrauen finden in dein Sein.

Dieses Buch ist allen Menschen auf dieser Erde gewidmet,
die sich wieder an die natürlichen Gegebenheiten
des Lebens erinnern möchten.
Möge es dir Inspiration und Antrieb sein,
das Steuerrad in deinem Leben zu ergreifen.

INHALT

VORWORT

Es gibt vielfältige Möglichkeiten, Seelenplätze und damit heilende Orte zu erschaffen. Es ist mir eine besondere Freude, dich beim Kennenlernen dieses Instruments zu begleiten und anzuleiten. Über mehr als zwanzig Jahre habe ich im Umgang mit persönlich errichteten Altären Kraft und Heilung erfahren. Die Arbeit mit so einem Kraftplatz für ein bestimmtes Thema stärkt deine Seele auf ihrem Weg im Leben. Es ist etwas sehr Schönes und Berührendes, an deinem Seelenort die Verbindung zur höchsten Quelle zu spüren. Erkenne die Liebe und Wertschätzung, die dir geschenkt werden, wenn du dich auf die Kraftplätze deiner Seele einlässt.

Ein Seelenplatz, der ganz an deine persönlichen Bedürfnisse angepasst ist, ist ein Segen für dein Leben. Möge er ein Energie- und Rückzugsort für dich werden oder eine Spiegelung der Situation, für die er errichtet wurde, damit du klarer sehen kannst. Er soll dich Schritt für Schritt auf dem Weg zu dem von dir definierten Ziel begleiten. Als begleitender Schutzraum in einem geistigen Prozess führt er dich durch die Aufgabe hindurch, damit du deine Gedanken klar und strukturiert auf diese ausrichten kannst.

In diesem Buch erfährst du durch zahlreiche Anregungen und Beispiele zum einen die Vielfältigkeit und zum anderen die Gemeinsamkeiten der verschiedenen Seelenplätze. Ich möchte dich ermutigen, dieses kraftvolle Instrument zu deinem Begleiter zu machen, der dich in allen Lebenslagen unterstützt. Dieses Buch ist keine Rezeptsammlung zum exakten Nachmachen. Du findest vor allem Beispiele, an denen du dich orientieren kannst. Mit deren Hilfe und deiner Intuition und Fantasie wirst du deine eigenen Seelenorte entstehen lassen können. Du wirst wachsen, dich entwickeln und lernen, wie du dich selbst fördern kannst. Gern nehme ich dich an die Hand und zeige dir die unzähligen Möglichkeiten auf.

Mögest du im Licht der Liebe Heilung erfahren.
Waltrop im Herbst 2021
Antara Reimann, die Raunende

KRAFTPLÄTZE – besondere Orte

Ein Kraftplatz ist ein besonderer Ort oder Platz, an dem wir uns wohl- und angenommen fühlen und nach dessen Besuch wir geklärt und erholt sind. Seine Energie fördert unsere Konzentration auf das Wesentliche. Durch die Ausgestaltung dieses besonderen Platzes wird offensichtlich, was uns am Herzen liegt. Errichtest du an einem dieser berührenden Orte einen Altar, so entsteht durch dessen Wirkung ein Kraftplatz, an dem sich deine Seele wohlfühlt. Ein Seelenort entsteht. Deine geistige Ausrichtung fördert deine Zentrierung auf das Thema, und aus dem spirituellen Kontakt zur Natur entsteht Heilung für dich. Es gibt unzählige Varianten, diese besondere Atmosphäre zu erschaffen. Wir können in der Natur nach geeigneten Plätzen suchen und uns natürlich entstandener Kraftplätze bedienen. Ebenso können wir selbst Kraftfelder errichten, wenn wir uns auf die Besonderheit dieses Platzes einlassen und fokussierte Akzente setzen.

Ein Seelenort braucht nicht schön zu sein, er muss keinem anderen Menschen gefallen. Seine Aufgabe liegt in der Wirkung. Mit der richtigen Intention aufgebaut, dient dir dieser Ort zur Heilung und Entwicklung.

Natürlich entstandene Kraftorte

Meist denken wir bei dem Begriff »Kraftplatz« an Felsformationen mit besonderer Ausstrahlung, reißende Wasserfälle, Schluchten, große Gletscher oder besondere Naturphänomene. Diese Orte wirken häufig aufgrund ihrer besonderen Präsenz sehr beeindruckend. Sie schenken uns ohne Zweifel Energie und lassen uns auftanken. Aber auch Seen mit besonderer Stimmung, Waldlichtungen mit einem natürlich gewachsenen Baumkreis oder starke, alte Bäume sind Geschenke der Natur. Die Energie dieser besonderen Plätze führt dazu, dass sich Menschen und Tiere gern dort aufhalten. Pflanzen wachsen dort besonders gut und gesund.

Jeder Kraftort hat seine ganz eigene Ausstrahlung und Wirkung. Einige natürliche Plätze wirken bereits von Weitem imposant und beeindrucken durch ihre Größe und Präsenz, ihre Ausstrahlung zieht die Aufmerksamkeit auf sich. Und andere kraftvolle Orte wie eine Quelle im Wald, ein versteckter Tümpel oder eine Lichtung, umrahmt von starken Bäumen, sind verborgen und hüten ihr Geheimnis, sodass man erst bei einem einsamen Waldspaziergang darauf stößt.

Häufig lassen sich diese versteckten Plätze erst finden, wenn du bereit bist, hinzuhören. Schaue dir an, welche Pflanzen dort wachsen und welche Bedeutung sie für deinen eigenen Gesundheitszustand haben könnten. Welche Bäume findest du an diesem Platz? Kennst du ihre Persönlichkeit? Die Weide z. B. ist sehr gesprächig, aber erst, wenn sie in dir Respekt und Achtung für die Natur spürt. Ebenso erwartet sie von dir einen Sinn für Schönheit und Sinnlichkeit. Grobschlächtiges Verhalten akzeptieren Weiden nicht und »verschwinden« vor dem menschlichen Auge. Im Umkreis von Weiden fühlst du dich emotional berührt. Suchst du also ein Helferwesen, um ein Gefühlschaos zu klären, horche auf den Ruf eines Platzes, an dem Weiden stehen. Plätze rund um eine Eiche geben dir Kraft und unterstützen dich dabei, deine Aufrichtigkeit zu überprüfen. Durch ihre Anleitungen entwickelst du ein unbeirrbares Selbstgefühl.
Gehe mit offener Sensibilität hinaus in die Natur, und lasse dich von besonderen Kraftorten rufen. Nimm Gaben mit, die du den Naturwesen, Pflanzen, Bäumen und Tieren dalassen kannst. Gib etwas von dir, und du wirst einen Ausgleich erhalten.

Wodurch entstehen natürliche Kraftplätze?

Mutter Erde verfügt über ein gut ausgebautes Energiesystem, über das sie die verschiedenen Kontinente mit ihren vielfältigen Landschaften miteinander verknüpft. Es gibt unzählig viele Energiebahnen. Auf- und abtauchend fließt die Energie in ihnen. Du kannst dir das wie das Schwimmen eines Delfins vorstellen. Diese Bahnen führen ringförmig um den Erdball und fördern die Energie von Mutter Erde. Auch die Breite einer Linie ist variabel, sie reicht von ein paar Metern bis hin zu Kilometern. Die stärksten Energiebahnen sind unter der Bezeichnung »ley lines« bekannt.
Diese Energiebahnen fließen auf zwei verschiedene Arten: geradlinig und schlängelnd. Befinden wir uns im direkten Aus-

strahlungsbereich einer Kraftlinie, spüren wir die Energie entweder als aufsteigend und aufbauend oder als absteigend und herabziehend, je nachdem, ob sie aus der Erde an die Oberfläche steigt oder wieder abtaucht. Die Abstände zwischen den auf- und absteigenden Bewegungen können sehr unterschiedlich sein. Ein Beispiel hierfür sind die beiden Türme der Externsteine, eine natürliche Sandstein-Felsformation in der Nähe von Horn-Bad Meinberg im Kreis Lippe (NRW). Sie ragen direkt nebeneinander auf und haben jeweils aufsteigende und absteigende Kräfte inne. Der Mont Saint-Michel an der Küste der Normandie in Frankreich hat sein Gegenstück im St. Michael's Mount an der südenglischen Küste in Cornwall. Hier beträgt die Entfernung ca. 330 km. An all diesen Orten ist deutlich zu spüren, ob die Energie nach oben steigt oder nach unten sinkt. Orte mit aufsteigender Energie werden häufig als inspirierend empfunden, während Orte mit absteigender Energie anstrengend oder sogar lähmend wirken.

Ähnlich wie die Neben- und Seitenwurzeln der Bäume, so haben auch die Kraftlinien Seitenlinien, schwächere Ausläufer der Hauptlinie. Sie sind nicht so stark wahrzunehmen, und doch wirken sie.

Arbeiten mit diesen natürlichen Kraftquellen

Schon seit Menschengedenken zog es die Menschheit immer wieder an Orte mit auffälligem Energiepotenzial. Unsere Vorfahren spürten die Eigenarten dieser Plätze. Weltweit gibt es diese natürlichen Kraftorte, die von den Bewohnern der Region als heilig angesehen und mit liebevoller Wertschätzung behandelt werden. Je nach religiöser Ausrichtung wurden sie früher als Wohnstätte der Götter oder besonderer Naturwesen betrachtet. Diese Naturheiligtümer waren Treffpunkte für die verschiedenen Zeremonien und Rituale. Dem Glauben nach waren diese Plätze besonders dazu geeignet, mit der Geistigen Welt zu kommunizieren und ihren Segen für das eigene Leben zu erbitten. An den Kreuzungspunkten zweier starker Energiebahnen können diese ihre Kräfte bündeln und besonders stark wirken. An diesen Plätzen wurden von den Bewohnern der Umgebung Kultstätten errichtet, z. B. stellten unsere Vorfahren Steinkreise auf oder besonders große Steinsäulen, um die Energie der Kraftlinie an die Erdoberfläche zu lenken. Manche dieser Orte sind noch bekannt, und einige wenige werden auch heute noch genutzt.

Immer häufiger erleben auch wir Menschen der heutigen Zeit die außergewöhnliche Begleitung der Geistigen Welt bei unseren Unterfangen, wenn wir an Kraftplätzen den Kontakt zu ihr aufnehmen.
Im Laufe der Zeit wurden an besonderen Stellen große Bauten wie die Pyramiden, Tempel oder Kathedralen errichtet. Durch ihren Standort wirken sie besonders beeindruckend und machtvoll. In vielen dieser Bauwerke wird der Hochaltar oder das besondere Zeremonialzentrum exakt über dem Kreuzungspunkt der beiden Linien errichtet, genau an der Stelle, an der die Energie am stärksten wirkt.

Erkennungszeichen in der Natur

In den Überlieferungen deiner Umgebung erhältst du häufig Hinweise auf einen möglichen

Kraftplatz. In den Flur- und Ortsbezeichnungen wurden viele Hinweise versteckt, z. B. Engelsburg, Engelskirchen, Drachenfels, Donnersberg (Donars Berg), Venusberg, Teufelsfels. Ebenso lassen die Namen besonderer Bäume, Felsen und Seen, z. B. des Berggeistsees bei Brühl, die kultische Bedeutung für unsere Vorfahren erkennen.
Sagen und Geschichten aus der Region lassen uns zurückreisen in längst vergangene Zeiten, als der Kontakt zu Naturwesen noch ein selbstverständlicher Bestandteil des Lebens war. Die Suche nach diesen alten Erzählungen kann sehr inspirierend sein und viel Aufschluss über die wirkenden Kräfte in der Umgebung geben.
Mit einer topografischen Karte oder Wanderkarte der Region kannst du auffällige Wälle, Ringe, Vertiefungen und Bodengegebenheiten erkennen. Oder du findest Hinweise auf Ruinen, meist von Burgen und Kapellen, die auf Kraftplätzen errichtet waren.
Besonderheiten in der Landschaft geben Hinweise auf besondere Orte. Ist ein Baum bereits weit unten am Stamm in mehrere Äste geteilt, steht er ziemlich sicher auf einer Wasserader. Ist er verdreht, befindet sich wahrscheinlich eine Erdstrahlung in seinen Wurzeln. An manchen Orten treffen auch mehrere Strahlungsstränge zusammen und verursachen, dass die Bäume mehrfach verdreht wachsen.
An einem Wasserplatz kannst du erfahren, wie sich innere Reinigung auswirkt. Hat ein Baum sehr ausgeprägte Wurzeln, Knollen oder kleine Höhlen im Wurzelbereich, handelt es sich um einen Erdplatz. Hier kannst du eine feste Basis für deinen weiteren Weg entwickeln. Erdplätze bringen dich in die Realität zurück. Nicht selten finden sich in diesen kleinen Höhlen Eingänge in die Bereiche der Kobolde und Zwerge. Wird dein Blick im Wald nach oben gezogen, und die Bäume um dich herum wachsen aufrecht mit einer hoch ansetzenden Krone, so handelt es sich meist um einen Luftplatz. Dieser klärt deine Gedanken und lässt dich Weite spüren. Kannst du das Unterholz kaum durchdringen, weil überall

Brennnesseln und Dornengebüsche wachsen, so handelt es sich sicherlich um einen Feuerplatz. Dieser lässt sich nur auf dich ein, wenn du bereit und in der Lage bist, dein inneres Feuer zu entfachen. Mit einer Wünschelrute oder einem Pendel kannst du den verschiedenen Einflüssen auf die Spur kommen und die Elementeorte gezielt besuchen. Auch der Bewuchs gibt Auskunft über die energetischen Gegebenheiten eines Platzes. Eine kräftige Eiche markiert häufig einen Ort, an dem eine gute Verbindung zwischen der geistigen und der physischen Ebene existiert. Wachsen mehrere dieser Eichen an einer Stelle, so haben die Wissenden unserer Vorfahren dort häufig ihre Versammlungen und Beratungen einberufen. Im Kontakt mit der geistigen Ebene war es einfacher, Situationen zu klären und Ideen in die Praxis des Alltags zu überführen. Wächst Holunder an einem Platz üppig, so ist die Göttin Holla dessen Hüterin und vereinfacht dir den Einstieg in die Unterwelt. Trotzdem solltest du diesen Platz nur kurz nutzen und zügig wieder ins Hier und Jetzt zurückkehren. Ebenso wie Holunder sind Wacholder, Weißdorn und Eiben Hüter der Schwelle zur Welt der Verstorbenen. Sie erleichtern den Kontakt mit den Ahnen. Apfelbäume und Nadelbäume wiederum wachsen gut an Stellen, an denen die Energien aufbauend und nährend wirken.

Kraftplätze sind kein kostenloser Selbstbedienungsladen. Wenn du dich an diesen Plätzen auftanken oder sie für die magische Arbeit nutzen möchtest, überlege dir, was du als Ausgleich gibst. Singe ein Lied, töne ein Mantra, spiele Flöte oder bedanke dich mit Worten, um dem Platz deine Wertschätzung zu schenken. Die Möglichkeiten sind zahlreich: Gib etwas ganz Persönliches, was dir gehört, und gib es von ganzem Herzen freiwillig her. Bemiss den Wert nicht nach dem materiellen Preis. Deine Absicht zählt.

Von Menschen geformte Kraftplätze

Neben der Möglichkeit, natürlich entstandene Kraftorte zu nutzen, um tiefe Erkenntnisse zu gewinnen, verfügen wir auch über die Fähigkeit, einen besonderen Ort der Kraft selbst zu errichten. Solche Kraftplätze stärken dein Sein und unterstützen dich dabei, dich zu fokussieren und dir dein Ziel klar vor Augen zu führen. Sie erinnern dich jederzeit daran, welche Einflüsse wirken und wofür du Begleitung wünschst. Ein Kraftplatz ist ein außergewöhnlicher Ort, der deiner Seele Unterstützung bietet.

Durch das Errichten eines Altars formst du einen Kraftplatz und erschaffst deinen ganz persönlichen Seelenort.

Ein von dir, nach deinen Bedürfnissen, errichteter Kraftplatz ermöglicht dir die Arbeit mit dir und für dich in der Tiefe deiner Persönlichkeit. Solch ein Platz, den du heilighältst, strahlt eine ganz besondere Kraft aus.
Die Bandbreite eines selbst erzeugten Kraftplatzes ist groß. Ein Stück Stoff mit einem geliebten Gegenstand in deinem Schlafzimmer oder auf der Fensterbank deines Wohnzimmers können dich daran erinnern, dich selbst wertzuschätzen und die Unterstützung zuzulassen, die du erhältst. Ein Ahnenaltar für deine Vorfahren kann dir bewusst machen, welches Potenzial diese dir weitergegeben haben, das dich heute bereichert. Ebenso stark wirkt eine liebevoll errichtete Ecke auf dem Balkon oder im Garten und erleichtert dir den Kontakt zu den Naturwesen.

Für jede Lebenssituation gibt es Möglichkeiten, deinen Geist zu fokussieren. Diese in besonderer Weise gestalteten Plätze wirken unterstützend für dich und deine Seelenentwicklung. Du kannst sie nutzen, um die Energie auf das zu lenken, was dir wichtig ist: ein Ziel, ein Ritual oder einfach den Wunsch nach innerer Einkehr. Welche Absicht du beim Erschaffen auch in dir trägst, die Energie deines persönlichen Seelenortes wird ihr folgen, sie unterstützen und verstärken.

In diesem Buch findest du viele Beispiele dafür, wie du deine ganz besonderen Orte der Kraft errichten kannst und wie sie für dich und deine Lebensthemen wirken und dir das Gefühl von Geborgenheit geben.
Alles hat seine Wirkung und folgt deiner Absicht, denn du erschaffst dein eigenes Kraftfeld. Die Errichtung eines Altars ist leicht, doch die Wirkung auf deine persönliche Entwicklung ist groß, denn du machst deine Themen offen sichtbar. Dein Seelenplatz unterstützt dich dabei, Hilfe und Rat von der Geistigen Welt zu erbitten.

Die klare Absicht

Bei der Errichtung eines unterstützenden Kraftplatzes ist es zuallererst deine Absicht, die dir die richtigen Impulse gibt. Mit dem, was du vorhast, legst du die Spur, der die Energie und die Aufmerksamkeit folgen. Mache dir klar, was du von diesem Seelenort erhoffst. Wobei und für welchen Zeitraum soll er dich unterstützen? Möchtest du dauerhaft einen heiligen Platz errichten, oder wird dieser besondere Ort für eine gewisse Zeitspanne gebraucht, um dich in einer ganz besonderen Phase zu unterstützen? Wird sich dieser Platz deinen Veränderungen anpassen, oder hält er stellvertretend die Energie für dich aufrecht? Dies sind die wichtigsten Fragen, die du dir vor der Auswahl des Platzes stellen solltest. Werde dir bewusst, was du erreichen und dafür errichten möchtest. Dieser Moment der Klärung, diese Phase der aufkeimenden Idee, führt bereits im Geistigen zur Errichtung und Fertigstellung eines ganz persönlichen Seelenortes. Deine Überlegungen und Planungen lassen ihn vor deinem inneren Auge erscheinen, und dein Konzept reift immer mehr. Deine klare Absicht ruft die Unterstützung aus den Geistigen Reichen hinzu, und du wirst größtmöglich unterstützt.

Schreibe auf einen Zettel, wofür du diesen heilenden Platz errichten möchtest. Notiere alle deine Gedanken, Bedenken und Überlegungen, und sammle so die wichtigsten Vorgaben. Nimm dir ein paar Tage Zeit dafür. Lasse deine Gefühle wirken, und mache weitere Notizen, streiche Bestehendes, und achte darauf, wann dein Kraftplatz für dich klare Konturen angenommen hat. Alles darf sich im Fluss der Planung ändern, selbst das Thema kann sich wandeln. Hast du ein klares Thema, dann schaue, an welchem physischen Ort dieser besondere Kraftplatz errichtet werden sollte. Wohin zieht es dich?

Der ideale Ort

Lasse dich von deinem Gefühl führen, und finde so den geeigneten Platz. Wähle den Standort so, dass du dich damit wohlfühlst und deinen Altar auch für eine längere Zeit wirken lassen möchtest. Bringe bereits vorhandene unterstützende Gegebenheiten mit ein. Eine zwischen zwei Büschen verborgene Ecke, in die du dich zurückziehen kannst und die auch in deiner Abwesenheit gut behütet wird, bietet auch größeren Seelenplätzen Raum. Dein Lieblingsplatz an einem kleinen Bach, der ruhig und versteckt liegt, kann von dir zu einem Seelenort geformt werden. Ein Hocker oder Beistelltisch in deinem Wohnraum, ein Regalboden, eine Anrichte oder die Fensterbank geben Raum, um hier einen Platz zu gestalten, der dich zentriert und weiterbringt. Möglichkeiten gibt es viele. Achte darauf, dass dein besonderer Seelenplatz von keinen weiteren Personen oder Tieren berührt wird. Es ist dein Kraftmagnet und sollte ausschließlich von dir verändert werden. Du steuerst die Veränderung und die damit verbundene Entwicklung.

Gleichwohl kannst du besondere Kraftplätze auch zusammen mit anderen Menschen gestalten. Wenn sich beispielsweise ein neues Familienmitglied ankündigt oder eine Trennung oder gar ein Tod vorauszusehen ist, kann von allen Betroffenen gemeinsam ein besonderer Altar gestaltet werden. Somit wird ein heiliger Platz erschaffen, und die Situation wird ins Bewusstsein aller gerufen.

Reinigung und Segnung eines Ortes

Bevor du einen heiligen Seelenort errichtest, sollte der ausgewählte Platz gereinigt werden. Es versteht sich, dass dieser Raum von physischem Schmutz und Unordnung befreit werden muss. Je reiner der Platz, desto reiner seine Schwingungen. Verschmutzt dein Seelenplatz durch Staub, heruntergefallene Blumenblätter oder möglicherweise auch trüb gewordenes Wasser, so reinige ihn unverzüglich. Die Energie wirkt in dem Maße, in dem der Platz mit Leben gefüllt ist. Bedenke: Du arbeitest mit ganz feinen Schwingungen, und dir gebührt die höchste Schwingung. Mit der anschließenden Segnung des Raumes verankerst du diese feinen Schwingungen und füllst ihn mit reiner, heiliger Energie.

Energetische Reinigung eines Raumes

Nach der physischen Säuberung des Umfeldes deines neuen Seelenortes solltest du die energetische Ebene ebenfalls reinigen. Häufig haben sich durch die bisherige Nutzung der Umgebung Erinnerungen, Verletzungen oder auch Besetzungen ins Energiefeld eingeprägt. Für die Auflösung dieser Abdrücke gibt es verschiedene Möglichkeiten.

Das Räuchern

Das wohl bekannteste Mittel der atmosphärischen Reinigung ist das Räuchern. In ziemlich jeder Kultur wird durch das Verbrennen von Pflanzen, Harzen und Hölzern die Stimmung an Orten und in Gebäuden verändert. Zugleich wird der Raum energetisch gereinigt. Die in den Räucherstoffen gebundenen Schwingungen werden freigesetzt und helfen uns, uns auf den Moment einzulassen. Mit Liebe und Achtsamkeit geerntetes Räucherwerk ist eine besondere Opfergabe und wirkt als Ausgleich für die Unterstützung, die wir aus der Geistigen Welt erhalten. Rauch trägt unsere Worte in die feinstoffliche Ebene und ermöglicht uns, die uns helfenden Kräfte anzurufen.

»Der Heiler wächst vor der Haustür«, ist eine überlieferte Erkenntnis und bedeutet übersetzt: Das, was wir benötigen und was uns unterstützt, finden wir in unserem näheren Umfeld. Die in der Landschaft, in der wir wohnen, heimischen Kräuter, Hölzer, Wurzeln und Harze eignen sich ebenso gut wie die Räucherstoffe aus fernen Ländern. In vielen alten Büchern werden diese wirkungsvollen regionalen Räucherstoffe beschrieben. Schaue auch in deinem Gewürzschrank nach, häufig findest du Helferlein unter den Gewürzen deines täglichen Bedarfs. Lorbeer reinigt die Luft und erschafft eine gute Atmosphäre. Beifuß hat die gleiche Wirkung wie Weißer Salbei aus Kalifornien und wächst überall am Wald- und Wiesenrand. Wie der Beifuß löst auch der heimische Salbei negative Energien auf. Kiefernharz und Thuja (Lebensbaum) wirken ebenfalls stark reinigend auf die Atmosphäre und sind häufig in unseren Breitengraden zu finden. Beachte bei der Reinigung durch das Räuchern, dass das, was gelöst wurde, auch gehen können muss. Öffne in geschlossenen Räumen vorher die Fenster weit und, wenn möglich, auch die Tür. Räuchergut, das aus eigenem Antrieb nach dem Entzünden weiterbrennt, benötigt keine zusätzlichen Brennhilfen wie Räucherkohle oder Torfpresslinge. Achte immer auf eine feuerfeste Unterlage. Nutze ein mit Sand gefülltes Gefäß oder eine robuste Schale, möglichst mit einem Griff, sodass du sie anfassen kannst, ohne dir die Finger zu verbrennen. Anzündkohle wird glühend heiß!

Zum Reinigen eignet sich jedes Räuchergut, das einen kräftigen Rauch erzeugt. Dieser Rauch löst und vertreibt negative Schwingungen. In geschlossenen Räumen reagieren die meisten Rauchmelder darauf. Dies ist zu bedenken, wenn du dich für diese Methode entscheidest.
Damit es gut verbrennt, muss das Räucherwerk ganz durchgetrocknet sein. Wenn du es also selbst sammeln möchtest, solltest du zeitig damit beginnen. Für eine ausgewogene Räuchermischung werden zu gleichen Teilen Kräuter, Hölzer und Harze genommen. Blüten ergänzen die Gruppe der Kräuter. Aus jedem Bereich können mehrere verschiedene Zutaten gewählt werden. Deine Nase und dein Bauchgefühl werden dich leiten. In manche traditionelle Räuchermischungen werden auch getrocknete Früchte eingearbeitet. Klassischerweise werden die Zutaten in einem Mörser vermischt, wobei Hölzer vorher mit einem Messer in kleine Späne geschnitzt werden sollten, da sie sich ansonsten nicht zerkleinern lassen. Ein Abreiben mit Schmirgelpapier ist weniger empfehlenswert, da sich dabei die Körnung des Schmirgelpapiers löst und mit dem Holzmehl vermengt.
Üblicherweise entspricht die Portionsgröße für einen Räuchergang der Menge, die du zwischen drei Fingern greifen kannst. Bei Bedarf legst du nach. Solltest du keinen Geruch mehr wahrnehmen, heißt das nicht unbedingt, dass die Räucherung nicht mehr wirkt. Die feinstoffliche Wirkung hält länger an, als der physische Geruch wahrzunehmen ist. Da bei einer Reinigungsmischung deutlich zu erkennender Rauch gewünscht ist, darf in diesem Fall wesentlich mehr Räucherstoff eingesetzt werden. Lasse

dich von deiner Intuition leiten. Der Rauch wird üblicherweise mit einer Feder im Raum verteilt. Auch hierbei gilt: Es muss nicht immer eine speziell geschmückte Adlerfeder sein. Jede andere Feder, ob von Huhn, Gans, Truthahn oder Taube, tut es auch. Deine Absicht entscheidet über den Erfolg.

Sobald die Kohle durchgeglüht ist, kannst du das Räuchergut auflegen. Verräucherst du reine Kräuter ohne Kohle, so entzünde diese. Wenn sie kraftvoll brennen, blase die Flammen aus und nutze den Rauch der Glut für die Reinigung. Gehe nun *gegen* den Uhrzeigersinn kreisförmig durch den Ort, den du mit deiner Räuchermischung reinigen möchtest. Verteile dabei den Rauch mit deiner flachen Hand oder einer Räucherfeder im Raum. Achte besonders darauf, dass auch alle Ecken gründlich vom Rauch erfüllt werden. In ihnen sammeln sich gern negative Energien. Du kannst diesen Kreis mehrmals abschreiten. Du fühlst selbst, wann es genug ist. Stelle anschließend dein Räuchergefäß zur Seite – an eine Stelle, an der du es weiterhin im Auge behalten kannst, solange es noch glüht oder brennt.

Alternativen zum Räuchern

Ätherische Öle

Wenn du aus verschiedenen Gründen nicht räuchern kannst oder möchtest, nutze ätherische Öle in einer Wasserschale oder Aromalampe als Alternative. Die meisten Kräuter, Harze und Hölzer kannst du auch als ätherisches Öl erwerben. Verwende 15 Tropfen eines einzelnen Öls oder einer Kombination verschiedener Öle.

Achtung! Beim Räuchern sowie beim Verdampfen von ätherischen Ölen in der Aromalampe können Stoffe freigesetzt werden, auf die du allergisch reagierst. Nutze ausschließlich die Stoffe, von denen du genau weißt, dass du sie verträgst und dass sie keine Beeinträchtigung oder Gefahr für deine Gesundheit bedeuten.

Spray

Eine gute Alternative zum Räuchern und der Aromalampe ist der Einsatz von Sprays. Ich sollte einmal in den Räumen eines Gymnasiums einen Erlebnisvortrag zum Thema Schamanismus halten. In allen Räumen waren Rauchmelder installiert. Wie sollte ich die Reinigung der Aura und der Atmosphäre erlebbar machen? Tage vorher sandte meine geistige Führung mir einen Traum von einem Reinigungsspray. In der Apotheke besorgte ich mir daraufhin gereinigtes Wasser und eine Braunglasflasche mit Sprühaufsatz. Für 48 Stunden legte ich ein paar Zweige Salbei in ein Glas mit dem gereinigten Wasser. Danach entfernte ich die Zweige und füllte die Flüssigkeit in die Braunglasflasche um. Mit diesem Kaltauszug konnte ich nun die Umgebung und die Aura besprühen. Die klärende und reinigende Wirkung war deutlich zu spüren.

Achtung! Die Flüssigkeit enthält keine Konservierungsmittel und ist deshalb nur kurz haltbar. Entstehen in der Flüssigkeit Flocken oder wird sie milchig, entsorge sie bitte, und setze dir eine neue an. Um sicherzugehen, ist es empfehlenswert, solch ein Spray für jede Reinigung frisch herzustellen. Bitte prüfe selbst, ob bei dir irgendwelche allergischen Reaktionen gegen Salbei auftreten können. Dazu kannst du ein paar wenige Tropfen in deine Ellenbeuge geben und beobachten, ob sich Reaktionen zeigen. Da die Mischung beim Versprühen in die Atemwege gelangen kann, ist auf eine reine Qualität der Flüssigkeit zu achten. Alkohol eignet sich dafür weniger und sollte auf keinen Fall in Gegenwart von Kindern und Haustieren verwendet werden.

Kosmische Energie

Die energetische Reinigung eines Kraftplatzes kann auch ganz ohne materielle Zutaten erfolgen. Nutze deine Fähigkeit, dich an die kosmische Energie anzubinden. Auch du bist ein Kanal für die kosmische Lebensenergie, die alles wandeln kann. Was zählt, sind dein Einverständnis und deine Absicht.

Stelle dich hierzu möglichst in die Mitte des zu reinigenden Platzes. Entspanne dich mithilfe deines Atems, atme mehrmals tief ein und aus, und lasse mit der Luft alle Erwartungen und Anspannungen aus deinen Fingerspitzen und Fußsohlen hinausfließen. Fokussiere deine Absicht, die kosmische Energie einzuladen. Atme weiter, bis du dich in deiner eigenen Mitte stabilisiert hast. Nun öffne dein Kronenchakra. Stelle dir hierzu vor, wie sich deine Schädeldecke in der Mitte kreisförmig öffnet. Ab jetzt wird mit jedem Atemzug Lebensenergie aus dem Universum in dich hereinfließen. Lasse diese Energie aus deinen Handflächen hinausfließen, indem du deine Arme leicht anhebst und deine Hände so drehst, dass die Handflächen dahin zeigen, wo du die reinigende Energie hinfließen lassen möchtest. Verströme die reinigende Energie, und visualisiere dabei, dass blockierte Energie wieder ins Fließen kommt, alles Negative sich in Positives wandelt und energielose Stellen aufgefüllt werden. Falls es dir leichter fällt, kannst du dir die Energie als reines, fluoreszierendes Licht vorstellen. Wenn du möchtest, kannst du dem Licht eine für dich passende Farbe zuordnen. Lasse die Energie fließen, bis es sich gut anfühlt. Schließe danach dein Kronenchakra, bedanke dich bei den universellen Kräften des Lichts, und beende die Reinigung des Platzes.

Segnung eines Raumes

Verbindung mit Mutter Erde

Setze dich aufrecht hin, und lege deine Handflächen in den Schoß. Atme ruhig und gleichmäßig ein und wieder aus, und entspanne dich dabei. Aktiviere deine intuitiven Sinne, und stelle dir ein Band aus Energie vor, das von deinem Rückgrat aus mit der Erde verbunden ist. Empfange darüber die Energie aus der Erde, und bitte still um den Schutz, die Führung und den Segen aus dem Universum.

Visualisiere, wie die Energie durch dich und aus dir hinausströmt. Fühle nach, wohin die Energie fließt und wo die stärkste Energie ist. Schaue vor dir den Boden, die Ecken und alles in dem Raum an, in dem du dich befindest. Erkenne die leeren Stellen, und visualisiere Leben in Form von frischer Energie für diese Bereiche.

In deinem Herzen entsteht nun eine Kugel aus Licht und Liebe. Fühle, wie sie pulsiert. Sie ist kraftvoll, und aus ihr strömt das Licht in deinen Körper, das mit jedem Atemzug intensiver wird.

Lasse immer mehr dieses Lichts aus Liebe aus der Kugel in dich hereinfließen. Bist du ganz ausgefüllt, entlasse das Licht und die Liebe in den Raum und fülle ihn gänzlich damit aus.
Genieße noch eine Weile diese Einheit mit der kosmischen Energie und der Kraft von Mutter Erde. Dann löse dich langsam von den Energiefäden, öffne deine Augen, und nimm wahr, was sich verändert hat.

Anrufung der Himmelsrichtungen

Wende dich nacheinander jeder der vier Himmelsrichtungen zu. Visualisiere dabei die elementare Kraft jeder Himmelsrichtung in Form einer Säule in der jeweiligen Richtung:

Norden: Erde – Halt, Nahrung, Bodenständigkeit
Osten: Luft – Bewegung, Gedankenkraft
Süden: Feuer – Wärme, Transformation
Westen: Wasser – Heilung, Reinigung

Sprich in jede der Himmelsrichtungen:

»Kraft des (Nordens, Westens, Südens, Ostens), ich ehre dich und heiße dich willkommen! Wache über diesen Platz, behüte und beschütze ihn!«

Verbeuge dich leicht vor der Kraft der Himmelsrichtung, und sprich:

»So sei es.«

Wenn alle vier Säulen erschaffen sind, stelle dich in die Mitte und lasse ihre Kraft auf dich wirken. Drehe dich jetzt langsam im Kreis um dich selbst. Strecke dabei die Hände jeweils in Richtung einer der Säulen, und entnimm ihr etwas Energie, die du mit den Händen zu deinem Herzen leitest.

Wirkung verschiedener Elemente und Symbole

Ein Platz, der der Seele Heimat gibt und sie in ihrem Sein unterstützt, wird meist mit einem Altar versehen. Wir kennen natürlich die großen, mit Gold und Schnitzereien verzierten Altäre in Kirchen, Kathedralen und Tempeln. Dieser Schmuck hilft uns dabei, das Thema dieser Altäre zu erkennen. Meist werden darauf auch prunkvolle Gegenstände platziert, die unsere Aufmerksamkeit auf sich ziehen und uns einen Eindruck des Wertes und der Wertschätzung ihres Zwecks erkennen lassen. Wir kennen aber auch das Teelicht neben dem Bild einer geliebten Person, die gerade Hilfe und Begleitung benötigt. Ebenso hat eine besonders gekennzeichnete Stelle in der Natur eine heilende Wirkung. Ein solcher besonderer Kraftplatz fördert deine Verbindung zum Reich der Naturwesen und zu den Bäumen, Pflanzen und Tieren. Er lässt dich auftanken und birgt einen besonderen Zauber der Vertrautheit in sich. Ein auf diese Weise errichteter Altar erinnert dich daran, was wichtig und wertvoll ist und deine individuelle Beachtung braucht.

Allen Altären gemeinsam ist eine Basis, auf der alles aufbaut. Die Größe und das Material hängen von deinen Vorlieben und der Aufgabe dieses Ortes ab. Ein Platz draußen in der Natur, der längere Zeit existieren soll, braucht einen wetterfesten Untergrund. Möglicherweise findest du ganz in der Nähe einen Baumstumpf, den du in deinen Altar integrieren kannst. Eine mitgebrachte Holzscheibe oder ein grober Stoff lassen sich gut für naturnahe Schwingungen nutzen. Manche Lebenssituationen erfordern, dass dieser besondere Seelenplatz zwischendurch weggeräumt oder vor anderen Menschen verborgen wird. Errichte diesen Seelenplatz von Anfang an auf einem Korkuntersetzer, einem Tablett, einem größeren Teller oder einer Holzscheibe. Sie eignen sich gut zum Transportieren. Die Farben der Tücher, Kerzen, Blumen oder anderen Gegenstände, die du deinem Seelenplatz hinzufügst, unterstützen dein Vorhaben mit ihrer eigenen Schwingung.

Die Farben

Braun
wirkt wie die Erde von Mutter Erde, unterstützt und stärkt Freundschaften.

Dunkelgrün
wirkt gegen Ehrgeiz, Neid, Eifersucht, fördert das natürliche Wachstum.

Gelb
stärkt das Element Luft, unterstützt die Arbeit an festhängenden Problemen, die Kraft des Geistes, die Klärung von Gedanken, Neubeginn, Erfolg, Glück, Gesundheit, kann als Goldersatz bei Geldmagie verwendet werden.

Gold
unterstützt die Arbeit mit solaren Aspekten, Sonnenenergie, Tatkraft, Geldmagie.

Grün
stärkt das Element Erde, unterstützt Fruchtbarkeit, Fülle, Harmonie, Glück, Gesundheit, Wohlstand, Rituale rund um die Mütterlichkeit, hilft bei Geldnot (Jupiterritual), stärkt das Miteinander und die Entscheidungsfähigkeit.

Hellblau
stärkt das Element Wasser, trägt Frieden und Ruhe in Räume, Entspannung, Heilung, Verständnis, bringt stockende Kommunikation in den Fluss.

Indigo
schafft einen Schutzraum, in dem man nicht gestört wird.

Königsblau
unterstützt Freundschaft, Klarheit, tiefe Entspannung, inneren Frieden, ruhigen und erholsamen Schlaf, gut geeignet für Gesundheits- und Jupiterrituale.

Orange
unterstützt Glück, Freude, Erfolg bei Geschäften und gerichtlichen Angelegenheiten.

Rosa
steht für die Venus, unterstützt frische Liebe, Romantik, Zärtlichkeit, Feinheit, Treue, Zuneigung.

Rot
stärkt das Element Feuer, steht für das Blut des Schoßes und die Fruchtbarkeitsgöttin, unterstützt Vitalität, Leidenschaft, Kreativität, wirkt gegen Müdigkeit, Antriebslosigkeit, Erschöpfung, Zorn, Trennungsschmerz, Partnerschaftskrisen, gut geeignet für Liebesrituale.

Schwarz
unterstützt Stärke, Loslösung, Auflösung von Negativität und Starre, Wandel, gut geeignet für Abwehrrituale und Schadenszauber.

Silber
unterstützt die Arbeit mit lunaren Aspekten, Mondenergie, Wahrnehmung, Emotionen, Hellsehen, Innenschau.

Smaragdgrün
unterstützt Liebe, Geselligkeit, Fruchtbarkeit.

Violett
unterstützt Transformation, Meditation, den Kontakt zu Anderswelten, Reinigung, innere Kraft, Loslösung, Unabhängigkeit.

Weiß
unterstützt Reinheit, Reinigung, Frieden, Jungfräulichkeit, das höhere Selbst, Klarheit, Schutz, innere Antriebskraft, wirkt gegen Übereifer, kann stellvertretend für jede andere Farbe genutzt werden.

Die Gegenstände

Das, was du dem Altar hinzufügst, wirkt auf das Thema, für das du ihn errichtest. Welche äußere Form auch immer dein Altar bekommt, er wird immer deine Sinne öffnen und dich unterstützen beim Erreichen deines Zieles.

Apfel
Samen der Weiblichkeit, Fortpflanzungsfähigkeit, Fruchtbarkeit, Symbol für die Große Göttin und die Weiblichkeit

Blüten
Fähigkeit, sich zu öffnen, zu erblühen

Dose, Schachtel
das Unbewusste, Unbekannte, Unsichtbare, sich noch Entwickelnde, Aufbewahrung

Ei
potenzielle Möglichkeiten der Erneuerung, Urzustand, Anbeginn der Schöpfung, Entwicklung, Situationen oder Dinge, die sich noch behütet entwickeln wollen

Eichenast/-blatt
männliche Magie, Standhaftigkeit, Ehrlichkeit, Treue, Kontinuität, Festigkeit, väterliche Weisheit

Flügel/Feder
geistige Ebene (Luftelement), Vorstellungskraft, geistige Kreativität, Macht/Kraft der Gedanken, Visionen

Füllhorn
Fülle des Lebens, Überfluss, Reichtum der Natur

Hand
Getragensein, Schutz, etwas in gute Hände legen, Handlungsfähigkeit

Haselnussast/-blatt
weibliche Magie

Kessel
Quelle für Nahrung (geistig und körperlich), Transformation, Wiedergeburt, Überfluss, Opfer, Wandlung

Kerze
Erleuchtung, Licht, Fokussierung, inneres Feuer, Lebensenergie, das Herdfeuer

Kristall
Erdelement, kraftvolle Klarheit

Krug, offen
»Geistsee«, die Liebe im Herzen

Krug, geschlossen
(mit Deckel)
Gebärmutter, Ahnen, Göttinnen, Entwicklung von Projekten und Wünschen

Messer/Dolch
Trennung, Befreiung aus Verstrickungen, scharfe Klinge der Frau zur Selbstverteidigung
Eine Klinge ist sehr mächtig und macht manchmal Angst, deshalb wurde sie häufig dem Mann gegeben in der Hoffnung, beschützt zu werden.

Muschel
Geburt, Empfängnisfähigkeit, Kinderwunsch

Nüsse
Erotik, Fruchtbarkeit, Zeugungskraft, Regeneration, Aphrodisiakum, Potenzsteigerung

Phiole
Blut, Schleim, Sperma und weitere Körpersäfte

Räucherschale
Gebet an die Geistigen Reiche, den großen Geist, die große Mutter

Schale
Uterus, Zentrum der Schöpfung, Geben und Schenken

Schneckenhaus
Entwicklungsfähigkeit

Schwert
Luftelement, Teilung, Trennung

Spiegel
vergrößert den Altar und die darauf liegenden Gegenstände, erhöht die Energie, projiziert Objekte in den Kraftplatz, die eigentlich nicht dort sind

Wasserschale
Wasser des Lebens, Segnung, Anbindung an den Lebensfluss
Trinke aus der Schale, um den Segen und die Anbindung in dich aufzunehmen.

Zauberstab
phallische Kraft, Lenkung der Magie

Die Pflanzen

Pflanzen sind keine Gegenstände, sondern eigenständige, energetische Lebewesen. Sie haben eine individuelle Aura und senden ihre persönliche Energie aus. Berücksichtige dies, wenn du Pflanzen deinem Seelenort hinzufügst. Jede Pflanze hat ihre ganz eigene Wirkung und unterstützt dich in ihrer charakteristischen Art. Betrachte die Wuchsform, die Blätter und die Form der Blüten, um auf die Ausstrahlung und damit Wirkung der Pflanze zu schließen. Stellst du nur die Blüten einer Pflanze in einer Vase auf den Altar deines Seelenplatzes, so wird die Wirkung nicht so intensiv und lang anhaltend sein, wie wenn die Blume weiterhin über ihre Wurzeln versorgt wird.

Hier aufgeführt findest du ein paar Beispiele für Pflanzen, die besonders in der magischen Arbeit genutzt werden:

Aloe

hat intensiv heilende Kräfte, die auf alles wirken, was sich in der Nähe aufhält. Sie wird wegen ihrer Überlebensfähigkeit verehrt. Ohne Wurzeln und ohne Wasser kann sie lange auf der Erde liegend oder in der Luft hängend bestehen. Sie nimmt Schadstoffe auf und liefert sehr viel Sauerstoff. Kraftvolle, sich zentrisch nach innen drehende und dabei immer schneller werdende Kreise bilden das Energiefeld der Aloe. Dies kannst du für Aufgaben und Seelenplätze nutzen, bei denen du viel Energie benötigst, um Situationen aus der Starre in die Bewegung zu lenken. Die Aloe bringt dich ins Zentrum deines Bewusstseins zurück.

Rose von Jericho

steht für die Lieblichkeit und Aufmunterung in Zeiten, in denen wir besonders des Trostes bedürfen. Sie harrt als braune, vertrocknete Knolle aus, bis sie wieder mit dem Wasser des Lebens in Berührung kommt. Sinnbildlich steht dieses Wasser für Fürsorge und Liebe. Innerhalb von wenigen Stunden entfaltet die Pflanze sich bei Kontakt zu einer grünen Rosette und wächst langsam weiter. Der Legende nach soll die Jungfrau Maria diese Blume gesegnet haben. Aus der Mitte der Rose steigen kreisförmige Energiewirbel auf und die Schwingung der reinen Weiblichkeit verschenkt sich, sobald die Rose von Jericho wieder ergrünt. Sie eignet sich besonders für Rituale und Seelenplätze, durch die der weibliche Aspekt genährt und gestärkt werden soll.

Kakteen, alle Arten

schüchtern durch ihre spitzen Dornen ein. »Komm mir nicht zu nahe, sonst wehre ich mich schmerzhaft«, droht der Kaktus. Mit dieser Eigenschaft ist er ein guter Schutz gegen negative Energien. Möchtest du dich abgrenzen und hast einen Seelenort errichtet, der dich während besonders empfindsamer Prozesse unterstützt, so dient dir die abwehrende Stärke eines Kaktus als kraftvoller Schutz gegen Angriffe von außen. Kakteen werfen förmlich mit Pfeilen um sich. Bedenke dabei allerdings, dass du dich ebenfalls in den Einflussbereich des Kaktus begibst, wenn du an deinem Seelenort verweilst. Deine Empfindungen entwickeln sich synchron mit seinen Stacheln. Du wirst während dieses Prozesses eher weniger sanftmütig und weich wirken.

Grünlilien

sind wahre Gute-Laune-Bringer. Ihr Energiefeld wirkt wie ein strahlendes Feuerwerk aus Millionen von Leuchtblitzen an den Blattenden. Grünlilien verbreiten Freude und Leichtigkeit. Sie sind sehr anspruchslos und lassen sich überall gut einsetzen. Auf deinem Altar nehmen sie in hohem Maße Umweltgifte aus deiner Umgebung auf. Gleichfalls neutralisieren sie schwere und ungesunde, toxische Stimmungen und verstrickte Beziehungen. In schier ausweglosen Zeiten schenken sie frische Energie und bringen neuen Schwung in festgefahrene Projekte. Eine Grünlilie bildet sehr schnell Ableger, sogenannte Kindel, durch die sich ihre positive Wirkung vervielfältigt.

Hortensien

verschenken eine kribbelnde Energie. So, wie tanzende Libellen fröhliche Gedanken und Freude entstehen lassen, verbreiten die vielen kleinen Blüten, die sich zu einer großen Dolde vereinen, Heiterkeit. So rund wie ihre schöne Blüte verströmt sie auch ihre Energie. Melancholie und depressive Verstimmung verfliegen in der Nähe von Hortensienblüten. Sie brechen negative Denkstrukturen auf und fördern Kreativität und den Mut, sich spontan auf neue Entwicklungen einzulassen. Sie sind somit gut geeignet für einen Altar, bei dessen Thema es um Weiterentwicklung, Blockaden und mangelndes Selbstvertrauen geht.

Azaleen

sind die Pflanzen der Freundschaft. Wie eine Freundschaft gepflegt werden will, so bedarf die Azalee der regelmäßigen Beachtung. Trocknet sie im Ballen zu häufig aus, geht sie ein. Sie braucht die Zuwendung eines liebenden Herzens. Bekommt sie diese, schenkt die Schwingung der Azalee Freude, Entspannung und Ruhe und stärkt gleichzeitig die Nerven. Wie eine Feder im sanften Sommerwind tanzt die Energie der Azalee in sanften Spiralen nach außen und baut dabei ein leichtes und weiches Energiefeld auf. Azaleen eignen sich gut für Altarplätze, bei denen es um eine Energie geht, die in die Welt fließen soll, um Menschen zusammenzubringen.

Einblatt

ist eine beliebte Zimmerpflanze, da sie anspruchslos ist, häufig viele, lang blühende Blüten ausbildet und durch ihre glänzenden Blätter einen vornehm strahlenden Charakter hat. Die Blüten wirken wie Pfeile, deren Energie nach oben schießt, während die Blätter diese aufgebaute Energie harmonisierend in die Umgebung verteilen. Dieser Gegensatz unterstützt die Balance aller extremen Gegensätze. Das Einblatt ist der geeignete Partner, wenn es darum geht, widersprüchliche Paarungen, ob von Menschen oder Situationen, zu einer Harmonie zusammenzufügen. Sie ist besonders geeignet für Altäre zum Thema Heilung.

Rosen

nähren Energiefelder zum Thema Liebe. Traumata, Schocks und negative Programmierungen können durch die Schwingung der Rose aufgeweicht und langfristig aufgelöst werden. Ihre Blüten entwickeln eine sanfte, pulsierende Energie, deren Weichheit gleichmäßig in alle Richtungen wirkt. Als eine wallende Wolke sanfter Liebe öffnet sie verschlossene Herzen und hilft so, alte Verletzungen aufzuarbeiten. Die Rose ist deshalb besonders geeignet für die Bearbeitung von Streit, Traumata und blockierten Verstrickungen.

Die Formen

Wenn du auf deinem Altar den Einfluss der Elemente Erde, Feuer, Luft, Wasser und Äther besonders betonen möchtest, kannst du dies durch eine besondere Formenauswahl der eingesetzten Gegenstände unterstützen. Wähle passende Gegenstände, z. B. eine mit Erde oder Sand gefüllte Schale für die Erde, Kerzen für das Feuer, Räucherstäbchen für die Luft, ein Wassergefäß für das Wasser und fluoreszierendes Material für den Äther. Zusätzlich kannst du die Elemente durch folgende Formen betonen:

Erde	zylindrische Formen mit runder Grundfläche, höher als breit	
Feuer	spitze Formen wie Kegel und Pyramiden	
Luft	geschlängelte Formen	
Wasser	amorphe, vielgestaltige Formen ohne klare Umrisse	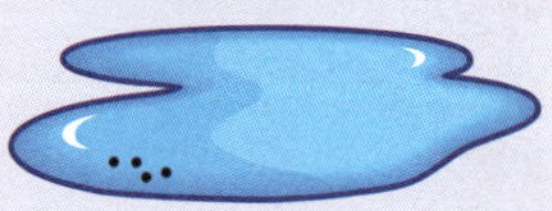
Äther	Kugeln	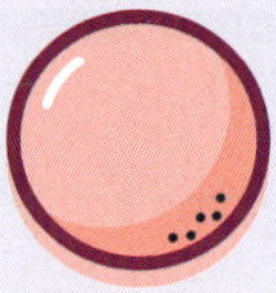

Luft und Wasser kannst du auch mit farbigem Schleifenband oder Stoffstreifen darstellen.

Gestaltung deiner persönlichen SEELENPLÄTZE

Jeder von dir erschaffene heilige Raum nährt deine Seele, unterstützt dein körperliches Sein und dich als Menschen mit allen deinen Anteilen. Jeder Altar, den du gestaltest, und sei er noch so klein, hält das Feld aufrecht, in dem sich deine Absicht entwickeln wird. Ein einfaches Tuch oder ein Stück Leder, das du auf den Boden legst und worauf du eine Kerze, ein paar Früchte oder Beeren, Zapfen oder Steine platzierst, kann dich unterstützen, dein Vorhaben im Blick zu behalten. Die Energie steigt an diesem Platz an und nährt die Kraft dieses Ortes immer mehr. Aus der Liebe deines Seins heraus formst du einen Seelenort. Dein Altar muss nicht immer aufwendig gestaltet und für jeden sofort erkennbar sein. Je übersichtlicher sich dein Vorhaben zeigt, desto eher bist du vielleicht bereit, deinen spontanen Impulsen zu folgen.

Die Möglichkeiten, Kraftplätze für deine Seele und damit heilende Orte zu erschaffen, sind grenzenlos. Es ist mir eine besondere

Freude, dich mit diesem Buch in den Zauber dieser Vielfalt einzuführen und dich bei deinen eigenen Erfahrungen zu begleiten. Du findest im Folgenden viele Beispielaltäre mit Hinweisen und Anregungen dazu, für jede Gelegenheit den passenden Seelenaltar zu deiner Unterstützung errichten zu können. Hast du einmal das Prinzip verstanden, kannst du eigenständig für alle Aufgaben geeignete Seelenplätze schaffen. Ein Kraftort für deine Seele gibt dir ein Gefühl des Angekommenseins. An dieser Stelle, die darauf platzierten Gegenstände betrachtend, findest du inneren Frieden. Dein Altar zeigt dir immer wieder aufs Neue, für welches Thema du um Wissen und Klarheit bittest.

Gemeinschaftsaltäre

Diese Altäre entstehen durch die Zusammenarbeit verschiedener Menschen, z. B. Eltern und Kinder, Geschwister oder Mitbewohner. Die Energie und die Kraft dieser Seelenplätze wirken gleichermaßen für alle Beteiligten. Bereits durch die Idee und die gemeinsamen Überlegungen, wo und wie der Kraftplatz entstehen soll, wird ein verbindendes Band gewebt. Auf eurem gemeinsamen Altar finden persönliche Gegenstände jedes Einzelnen ihren Platz. Die bunte Vielfalt und Verschiedenartigkeit machen diesen besonderen Seelenort zu einem echten Kraftplatz. Zu einem Kreis, der formt und nährt und gemeinsames Wachstum entstehen lässt. Das verbindende Errichten und das Weihen mit den Schwingungen jeder einzelnen Person machen diesen Ort zu einem Heil- und Kraftplatz für alle Beteiligten.

Der Hausaltar

In vielen Traditionen rund um den Globus finden wir den Hausaltar. Er wird in einer besonderen Ecke im Essraum oder in der Küche errichtet, manchmal auch in der »guten Stube«, dem Wohnzimmer. Er gibt der Absicht Form, dass in diesem Haus immer die guten Geister wirken mögen. Der Platz wird sehr bewusst und liebevoll gestaltet, denn er hat einen unmittelbaren Einfluss auf das Wohlbefinden aller Bewohner des Hauses, stärkt die Seele des Hauses und erhält es sogar physisch intakt. Durch solch einen Hausaltar zeigst du dem Hausgeist deine Wertschätzung, wodurch er mit allen Kräften für das Wohlbefinden der Bewohner und den Schutz deines Zuhauses eintreten wird. Da der Hausaltar für das Wohlergehen aller menschlichen und tierischen Bewohner sorgt, ergibt es Sinn, wenn er auch von allen zusammen errichtet wird. Zusätzlich ehrt dieser Kraftplatz die Seele des Hauses und seine nicht sichtbaren Bewohner. Nur im Miteinander bleibt das Haus oder die Wohnung in einem guten, beschützten Zustand. Wenn du deinen Hausaltar in Liebe gestaltest, tust du damit auch etwas Gutes für die Wesen aus den Geistigen Reichen.

Der geeignete Platz

Der Hausaltar sollte möglichst im Mittelpunkt der Wohnung oder des Hauses errichtet werden. Dann strahlt er seine Energie gleichmäßig in alle Bereiche deiner Unterkunft. Bewohnst du mehrere Etagen, wähle einen Platz in dem Bereich, in dem sich alle Bewohner am häufigsten aufhalten. Du kannst dafür sogar ein kleines Schränkchen oder Regal aufhängen. Dadurch fällt der Altar besonders ins Auge. Wenn du einen geeigneten Platz auf einem vorhandenen Möbelstück wie einem Sideboard findest, ist das natürlich genauso gut.
Der Hausaltar sorgt für materiellen Schutz deines Heims, hält die Geräte und Gegenstände darin intakt, fördert die Harmonie aller Bewohner untereinander und stärkt die Familienbande. Zu deiner Familie gehören neben

deiner Herkunftsfamilie auch deine eigene Familie sowie alle deine geistigen Helfer. Füge für alle, die dazugehören, einen Gegenstand oder Zettel, mit dem sie einen Platz auf deinem Hausaltar einnehmen, hinzu. Für verstorbene Familienmitglieder kannst du einen eigenen Ahnenaltar formen, wenn du möchtest. Da der Hausaltar deinen Lebensmittelpunkt stärkt und deine Vorfahren vielleicht durch die liebevolle Erinnerung in deinem Leben wirken, ist es ebenso möglich, dem Gedenken einen Platz auf deinem Hausaltar zu geben.

Utensilien

Welche Gegenstände ergeben auf einem Hausaltar Sinn? Für die Basis eignet sich ein Untergrund, der dir und deinem Heim entspricht. Ein Hausaltar benötigt keine spezielle Farbe, fühle dich also frei, ihn nach deinen Vorlieben zu wählen.

Ein stellvertretender Gegenstand für dein Zuhause sollte mit auf dem Altar stehen. Das kann ein kleines Foto deines Hauses sein oder eine Kristallkugel, die die Mitte besetzt und damit das Zentrum stärkt.

Auf jeden Hausaltar gehört eine Kerze, die das Licht und die Freude

in das Haus lenkt. Ihre Farbe darf deiner persönlichen Neigung entsprechen. Manchmal schmilzt die Kerze durch die Arbeit mit dem Altar schneller als gewohnt. Mit einem Untersetzer schützt du den Untergrund.
Dein Hausaltar sollte mit Fotos oder Figuren deiner Berater und Begleiter aus den Geistigen Reichen dekoriert werden. So unterstützen und stärken diese dich über die Schwingung deines Kraftplatzes. Du kannst z. B. deinen Krafttieren einen Platz geben und dadurch dein geistiges Helferteam in dein Zuhause einladen. Durch die Wirkung und Ausstrahlung deines Hausaltars festigen sich eure Verbindung und euer Zusammenhalt.

Ebenfalls kann auf deinem Hausaltar ein Gegenstand stehen oder liegen, der zu deinem Hausgeist passt. Die meisten Wohnungen und Häuser sind von solch einem Wesen beseelt, das als Wächter und Bewahrer deines Heims fungiert und alles Negative von ihm fernhält. Dein Hausgeist definiert sich als Angehöriger des Elements Erde, Feuer, Luft, Wasser oder Äther. Gern kannst du das Material und die Farbe deines Untergrundes passend zu deinem Hausgeist wählen. Wenn du während der Planung deines Hausaltars noch nicht weißt, zu welcher Art dein Hausgeist gehört, dann bitte ihn, sich zu erkennen zu geben. Entweder zeigt sich dein Hausgeist sichtbar, oder er erscheint dir in deinen Träumen. Mache eine Meditation mit der Bitte, dass sich dein Hausgeist zu erkennen gibt, oder eine schamanische Reise in die Untere Welt. Achte zusätzlich auf Tiere, die plötzlich in der Nähe deines Heimes auftauchen. Ein Luftgeist zeigt sich vielleicht als Vogel, der sich besonders verhält, oder wabernder Rauch, für dessen Anwesenheit es keine physische Ursache gibt. Ein Wassergeist zeigt sich möglicherweise durch einen kräftigen Regenguss, der eine Pfütze auf den Eingangsstufen hinterlässt, oder durch überschwappendes Putzwasser. Auch ein Frosch, der dir vor die Füße springt, ist ein Zeichen für das Wasserelement. Handelt es sich jedoch um eine dicke Erdkröte, so sei dir der Unterstützung eines Erdwesens gewiss.

Ein Fuchs oder Reh, das im Morgengrauen in deinem Garten steht, ist ebenso ein Gruß der Erdwesen. Sei gewappnet, wenn du einen Feuergeist um ein Erkennungszeichen bittest. Feuer zeigt sich auch durch Elektrizität. Möglicherweise flackern Lampen, und wenn du ihn überhaupt nicht erkennst, lässt dein Hausgeist auch einmal eine Glühbirne platzen und fordert auf diese Weise deine Aufmerksamkeit.
Für den Hausaltar eines Erdwesens ist ein Holzbrett oder eine Steinplatte passend, Grün und Braun unterstützen sein Element. Steine, Wurzeln, Zapfen und auch Moos aus der Natur lassen deine Bewusstheit erkennen. Du kannst die Steine auch wunderbar mit Acrylfarben bemalen. So gibst du deinem Altar zusätzlich eine lebendige Ausrichtung.
Gehört dein Hausgeist zum Element Luft, wähle Gelb als Grundfarbe. Eine Räucherschale oder ein Windspiel, eine Feder oder eine Flöte zeigen deine Verbindung zum Luftelement und dem Hausgeist, dass du ihn wertschätzt.
Der Hausgeist des Wassers liebt natürlich das flüssige Element. Mit einer Schale voll reinem und vielleicht sogar geweihtem Wasser, aufgeladen in einer Vollmondnacht in einer Silberschale, ehrst du das Wasser und deinen Hausgeist. Blau in allen Schattierungen unterstützt die Ausrichtung zusätzlich. Lege Muscheln und Treibholz oder auch getrocknete Algen auf deinen Altar. Du wirst sehen: Deine Wasserleitungen im Haus werden besser denn je funktionieren.
Entspringt dein Hausgeist dem Feuer, so ist Rot in allen Facetten die unterstützende Basis. Eine eigene Kerze für deinen Hausgeist ist auf deinem Hausaltar ein Muss. Schenkst du dem Feuergeist auf diese Weise deine Wertschätzung, wird er immer für ausgewogene Wärme in deinen Räumen sorgen. Er wird überschäumendes Temperament ausgleichen und gleichzeitig dafür sorgen, dass dein Heim trocken bleibt.
Äther ist die Kraft, in deren Einfluss alle anderen Elemente entstehen. Empfindest du in deinem Zuhause alle Elemente gleichwertig und ausgewogen wirksam, wird dein Hausgeist möglicherweise dem Ätherelement entspringen. Stellvertretend dafür kannst du eine leere Schale und für jedes weitere Element einen kleineren Stellvertreter auf deinen

Altar stellen. Eine violette Decke unterstützt ergänzend die Ätherschwingung.

Sieh auch eine Möglichkeit vor, ein Räucherstäbchen als tägliches Geschenk an deine Helfer abzubrennen. Stelle zudem einen kleinen Teller oder ein Schälchen hinzu, in dem du Schokolade oder auch Obst deinem Hausgeist anbietest, sowie ein kleines Glas frisches Wasser. Diese Gaben werden wahrscheinlich am nächsten Tag noch vorhanden sein, aber nur in ihrer physischen Form. Die Wesen aus der Anderswelt holen sich die Essenz aus deinen Geschenken. Du wirst es sehen und fühlen können, wenn deine Gaben »energielos« sind.
Bei all den hier aufgeführten Vorgaben gilt: Du darfst die Farbe und die Utensilien wählen, zu denen du dich bei dem Gedanken an deinen Hausaltar hingezogen fühlst. Alles darf, nichts muss.
Je mehr dein Herz mitschwingt, desto wirkungsvoller ist dieser Seelenort für dich und wird dich umso stärker unterstützen.

Aktivierung

Sobald du deinen Hausaltar fertig errichtet hast, solltest du ihn aktivieren, damit er mit seinem ganzen Potenzial für dich wirkt. Der Schlüssel dazu ist deine Annahme dieses persönlichen Kraftortes und dein Auftrag an ihn, für dich zu sorgen. Wurde der Hausaltar von mehreren Personen erstellt oder soll er für mehrere Personen wirken, ist es ratsam, dass alle Beteiligten die Aktivierung begleiten.

Wenn du einen länglichen Kristall zur Verfügung hast, kannst du diesen wunderbar zur Aktivierung nutzen. Ebenso gut geeignet ist ein Athame.*

Reinige dich und deinen Körper vorher, vor allem deine Hände.

Betrachte deinen Hausaltar noch einmal in Ruhe. Ist alles so, wie es sich jetzt im Moment für dich gut und richtig anfühlt? Fühle dich frei, Änderungen vorzunehmen.

Stelle dich vor deinen Hausaltar. Bringe dich über sanftes und tiefes Ein- und Ausatmen zur Ruhe, und komme mit deiner vollen Aufmerksamkeit in den Moment.

Entzünde die Kerze, möglichst mit einem Streichholz. Stelle dir vor, wie das Licht dieser Kerze in den lichtvollen Reichen gesehen wird.

Nimm den Kristall oder den Athame in die Hand. Sprich klar aus:

*»Ich aktiviere diesen Hausaltar als Kraftort meiner (oder auch unserer) Seele und errichte einen Kanal zu den lichtvollen Reichen der höchsten Quelle«.***

Halte inne, und spüre, wie sich die Verbindung aufbaut. Berühre nun nacheinander jeden Gegenstand auf deinem Hausaltar mit dem Kristall oder Athame.

---

* Der Athame ist ein beidseitig geschliffenes Messer, das bei spirituellen Handlungen genutzt wird, z. B., um Energieflüsse zu lenken.

** Die höchste Quelle ist die für dich höchste ansprechbare Wesenheit oder Gruppe, deren Weisheit du bedingungslos vertraust. Sie ist nicht bestimmt, sondern entspricht jedem einzelnen Menschen ganz individuell.

Sprich währenddessen:

»Danke, dass du mit deiner besonderen Schwingung für mich (uns) wirkst.«

Lasse diese besondere Schwingung noch eine Weile in dir nachklingen. Mache dir bewusst, dass ab jetzt dieser besondere Seelenort zu deiner Unterstützung wirkt. Halte ihn immer rein und im Herzen heilig.

Umgang

Achte darauf, dass die zentrale Kerze mindestens einmal am Tag angezündet wird. Wenn du dies selbst durchführst, bleibe im Anschluss ein paar Minuten in Ruhe mit deinem Hausaltar verbunden. Atme vor dem Anzünden ein paarmal tief durch, und mache dir bewusst, was du jetzt erreichen möchtest. Du öffnest einen frischen Kanal zur geistigen Ebene

der höchsten Quelle. Du bindest dich über deinen Hausaltar an den kosmischen Energiefluss an. Die Kerze sollte mindestens 15 Minuten beaufsichtigt brennen. Je länger sie brennt, desto intensiver wird dein Kontakt werden. Lasse zu, dass Ideen in dein Bewusstsein aufsteigen, sobald du an deinem Seelenplatz verweilst. Erkenne den Schutz und die stille Umarmung aus der Geistigen Welt, die du erhältst, sobald du dich dafür öffnest.
Spüre, wie dich das Betrachten deines Hausaltars entspannt. Schaue in das Licht der Kerze, und werde ruhig. Gönne dir ein paar Minuten der andächtigen Stille. Schaue dir die auf dem Altar platzierten Gegenstände an. Sie alle wirken durch ihre besondere Bedeutung förderlich für dich. Wenn du den Impuls verspürst, ändere deinen Hausaltar. Bedanke dich bei allen Gegenständen, die du entfernst, für ihre bisherige Unterstützung und Begleitung. Reinige sie physisch, und räuchere sie aus, damit sie wieder frei werden für neue Aufgaben. Neue Utensilien, die hinzugefügt werden, solltest du ebenso begrüßen und dich bei ihnen bedanken, wie du es bei der Aktivierung deines Altars gemacht hast. Dieser besondere Seelenort ist flexibel und darf jederzeit deinen Bedürfnissen und deiner Stimmung angepasst werden. Er sollte aber in seiner Funktion immer dein Hausaltar bleiben, ausschließlich sein Aussehen darf sich ändern.

Benötigst du Unterstützung für weitere Themen, dann gestalte für diese Aufgabe deiner Seele einen eigenständigen Altar. Anregungen findest du im weiteren Verlauf des Buches. Dein Hausaltar jedoch bleibt für deine Zentrierung und Anbindung an die höchste Quelle reserviert.

Der Ahnenaltar

Eine weitere Tradition ist die wertschätzende Erinnerung an unsere Vorfahren. Fast jedes Volk hat im Laufe des Jahres einen gemeinsamen Gedenktag, an dem besonders an die verstorbenen Verwandten gedacht, Erinnerungen ausgetauscht und in manchen Ländern auch ein Fest gefeiert wird. »Wer in der Erinnerung weiterlebt, wird niemals vergehen«, heißt ein Sprichwort.

Zu deinen Vorfahren gehören nicht nur deine Blutsverwandten. Auch deine spirituellen Lehrer oder über Herzensbande verbundene Verstorbene gehören zu deiner Ahnenlinie. Wenn du ihnen einen Platz in deinem Leben einräumst, wirst du immer mit ihnen verbunden sein, und ihr Rat und Vorbild werden weiterhin auf dich wirken. Mache dir bewusst, dass du mit dem Geist, dem Spirit deiner jeweiligen Ahnen Kontakt hältst. Es ist nicht die Seele des Verstorbenen, sondern das spirituell-geistige Abbild, das dieses Wesen im Laufe seines Lebens und Wirkens in das alles verbindende Netz geprägt hat.

Der geeignete Platz

Ein Ahnenaltar kann an einem Ort errichtet werden, an dem du dich besonders gern aufhältst. Dieser kann sich innerhalb deiner Wohnstätte befinden oder auch außerhalb, z. B. unter einem Baum, im Garten oder auch an einem versteckten Ort im Wald. Richte einen Platz für deine Ahnen ein, und schenke dir somit eine Möglichkeit, in der Einkehr ganz verbunden mit ihnen zu sein.
Bedenke bei einem öffentlich zugänglichen Platz in der Natur, dass private Gegenstände möglicherweise nicht geschützt bleiben. Fotos oder wertvolle Dinge könnten abhandenkommen. In deinem Garten oder auf dem Balkon kannst du diese Gegenstände gut aufstellen, sodass du ihre Energie im Freien genießen kannst. In deinen eigenen Räumen kannst du den Ahnenaltar auch auf kleinstem Raum errichten. Befindet er sich auf einem Tablett oder Brett, kannst du ihn bei Bedarf zur Seite stellen und ihn nur ins Zentrum deiner Aufmerksamkeit bringen, wenn du mit deinen Ahnen arbeiten möchtest.

Und doch sollte dieser Ahnenaltar immer achtungsvoll behandelt werden. Die Kraft deiner Ahnen wird immer zu dir fließen, egal, wo der Altar sich befindet. In deinem Schlafraum allerdings solltest du deinen Ahnenaltar nur dann aufbauen, wenn du das ganz deutliche »Ja« dafür verspürst. Die Ahnen nehmen im Traum Kontakt zu dir auf. Wenn du diesen Seelenort im Schlafzimmer aufbaust, ist es möglich, dass du nicht zum Schlafen kommst, weil sich andauernd der Kanal zu deinen Ahnen öffnet.

Eine weitere Form eines Ahnenaltars kann aus einem Wandregal bestehen, in dem du kleinere Gegenstände platzierst. Die Fotos können darüber an der Wand hängen. Nicht immer muss ein Altar im Gesamten an einem Platz stehen.

Utensilien

Als Grundlage für einen Ahnenaltar ist ein leichter, feiner Stoff geeignet, die sphärische und zarte Seite der Verbindung darzustellen. Es ist der Geist, der Spirit deiner Ahnen, der über den Altar wirkt. Wähle auch eine Farbe des Stoffes, die auf dich zart und fein wirkt. Möglicherweise findest du ein Stück Stoff in zarten Regenbogenfarben. Weiß ist für einen Ahnenaltar immer geeignet. Gleichermaßen sind auch Schwarz oder dunkle und gedeckte Farben eine passende Wahl. Prüfe selbst, was sich für dich richtig anfühlt. Das selbst gehäkelte Deckchen der Großmutter, deren Foto auf diesem Altar steht, belebt die Erinnerung und zeigt deine Wertschätzung.

Auf diesen Altar gehören die Fotos von deinen Liebsten, die bereits gegangen sind, wenn deine Beziehung zu ihnen ein liebevolles oder wertschätzendes Gedenken ist. Du kannst auch Fotos oder sogar Statuetten deiner geistigen Ahnen, deiner Lehrer, aufstellen, sofern sie bereits gegangen sind. Wisse, dass du deinen Platz in diesen Reihen einnimmst. Da du lebst, ist es nun deine Aufgabe, ihren Weg weiterzugehen. Durch deinen Ahnenaltar wirst du dir deiner Abstammung bewusst. All das Wissen, das deine Vorfahren und geistigen Ahnen erworben hatten, fließt in dir. Du bist mit ihnen verbunden, und ihre Führung steht dir immer zur Verfügung. Auf dem Altar sollten nur Erinnerungen von Ahnen vorhanden sein, zu denen du ein gutes Gefühl hast. Bist du mit einem Vorfahren im Unreinen, kläre und heile diese Beziehung mit einem separaten Kraftplatz, und füge die Erinnerungen dem Ahnenaltar erst hinzu, sobald du Frieden mit der Situation geschlossen hast. Dein Ahnenaltar soll dich stärken und dir zeigen, wer alles hinter dir steht.

Dieser Seelenort unterstützt alles, was dich mit den positiven Kräften deiner Ahnen verbindet. Auch Geschenke, die du zu Lebzeiten von ihnen erhalten hast, wirken als Zeichen eurer Verbindung. Sie finden auf diesem Altar einen liebevollen Platz und schlagen dadurch eine Brücke zwischen dir und deinen Vorfahren. Die Erinnerungen an gemeinsame Erlebnisse bleiben im Gedächtnis.
Auf dem Ahnenaltar sollte immer mindestens ein Teelicht brennen, um an das Leben zu erinnern. Achte darauf, dass dieses Teelicht in einem gesicherten Glas brennt. Fotos und ein feines Tuch können leicht vom Wind bewegt werden und Feuer fangen.
Möchtest du zusätzlich zu diesem Teelicht deine Ahnen würdigen, kannst du auch ein Räucherstäbchen anzünden. Möglicherweise findest du einen Duft, von dem du weißt, dass er bei ihnen sehr beliebt war.

Aktivierung

Deinen hergerichteten Kraftort kannst du jederzeit aktivieren. Hast du ihn kurz vor einem der besonderen Gedenktage erstellt, empfiehlt es sich, mit der Aktivierung bis zu diesem Termin zu warten. An diesen traditionellen Tagen sind die Grenzen zur Anderswelt besonders dünn, und es fällt dir möglicherweise leichter, die Verbindung zu deinen Ahnen herzustellen.

Betrachte, für welche deiner Vorfahren du eine Erinnerung an diesem Seelenort liegen hast. Notiere für jeden dieser Ahnen auf einem Zettel, an was du dich besonders gern erinnerst. Welche Erlebnisse trägst du so tief im Herzen, dass sie dir immer noch gegenwärtig sind? Wenn du fertig bist, lies noch einmal jeden einzelnen Zettel durch, und platziere ihn beim jeweiligen Ahnenfoto oder der Erinnerung. Bedanke dich dabei für die Begleitung und die Lehren, die du durch diese Ahne oder diesen Ahn erfahren durftest. Heiße sie oder ihn auf deinem Altar willkommen. Nimm dir etwas Zeit, um sie mit deinen Ahnen zu verbringen. Mache es dir bequem, zünde die Kerze an, und öffne dich den Botschaften, die in der Stille auftauchen. Genieße den Kontakt mit dem Geist deiner Ahnen. Zum Schluss bedanke dich für ihr Kommen, und lösche die Kerze.

Umgang

Nutze den Kontakt zum Wissen deiner Vorfahren immer dann, wenn du eine Klärung deiner Ziele, Gedanken oder Lebenssituationen benötigst. Ohne eine besondere Frage findest du an diesem Seelenort dein inneres Gleichgewicht. Er zeigt dir beim Betrachten auf, wer du bist, woher du kommst und über welche Fähigkeiten du verfügst. Der Kontakt zu deinen Ahnen zeigt dir dein Potenzial auf und, was du bereits alles in deinem Leben lernen und verarbeiten konntest. Vielleicht möchtest du dir immer wieder einmal zu einem festgelegten Termin Zeit nehmen, um die Kraft deiner Vorfahren zu spüren. Setze dich vor deinen Ahnenaltar, und betrachte, was du darauf zusammengetragen hast. Alle diese Erinnerungen sind Schätze, die dich mit deinen Wurzeln verbinden. Erinnere dich an die vielen Momente, in denen du Kontakt mit deinen Ahnen hattest, und daran, welche Erkenntnisse damit verbunden sind. Alles, was du durch sie erkennen konntest, ist nun in dir. Die Gesamtheit dieser Erfahrungen hat dich zu der Person gemacht, die du heute bist. Gönne dir regelmäßig diese Rückblicke. Treten während dieser bewussten Verbindung negative Erinnerungen auf, so hinterfrage, wie du empfinden und reagieren würdest, wenn sich diese Situation heute ergeben würde.

Möglicherweise, je nach deiner Empfänglichkeit, erhältst du in diesen Momenten der stillen Verbindung Nachrichten von deinen Ahnen. Lausche ihnen, und genieße diese Stunden der Aufklärung. Botschaften aus der Geistigen Welt fördern immer deine Erkenntnis und klären dein Verständnis. Probiere auch aus, den Geist einzelner Ahnen zu dir zu rufen. Wisse, dass es sich hierbei meist nicht um die Seele des Verstorbenen selbst handelt, die dir antwortet. Nur noch eine begrenzte Zeit nach ihrem Ableben ist die Seele für einen direkten Kontakt zu erreichen. Wenn sie hier in dieser Welt alles erledigt hat, geht sie zurück in die All-eins-Seele. Wir erleben weiterhin ihren Spirit, den Geist des Verstorbenen, das Bewusstsein des Menschen.
Danke deinen Vorfahren für den Weg, den sie für dich vorbereitet haben. Nimm wahr, wie sich dieses Bewusstsein aus deiner Ahnenlinie auf dich auswirkt, wie es dir den Rücken stärkt.

Vielleicht hast du Lust, den Geburtstag eines Vorfahren zu einem bewussten Erinnerungstag zu wandeln. Schmücke an diesem Tag den Altarbereich dieses Ahnen oder dieser Ahne besonders schön, und zeige ihm oder ihr deine besondere Dankbarkeit und Wertschätzung.

Das Liebespaar

Sich zu verlieben, ist eines der natürlichsten und schönsten Ereignisse im Laufe des Lebens. Durch eine Liebesverbindung webt sich aus zwei Einzelfeldern ein neues, gemeinsames Netz der Verbundenheit. Es entstehen Gefühle, Hoffnungen und Erwartungen. Doch auch Ängste, bisher tief verborgen, steigen auf und treten erneut ins Bewusstsein. Sie wollen betrachtet und ernst genommen werden. Eine neue Beziehung lässt erst einmal »Schmetterlinge im Bauch« aufsteigen. Daraus eine stabile und harmonische Beziehung zu formen, braucht die Bereitschaft, Veränderungen zuzulassen, alte Mauern einzureißen und Wunden heilen zu lassen.

Um diese Phase zu unterstützen, kannst du einen kraftvollen Altar errichten, der alle Bausteine zusammenfügt und hilft, belastende Anteile aufzulösen. Vielleicht wollt ihr diesen Altar auch gemeinsam errichten. Seele findet zu Seele und geht eine intensive Verbindung ein. Dies ist ein Geschenk. Es zu behalten, bedeutet, bereit zu sein, der Entwicklung zu folgen und daran zu arbeiten. Mit Leichtigkeit und Liebe wird geschehen, was diese beiden Seelen beschlossen haben, gemeinsam zu erleben.

Der geeignete Platz

Dieser Altar darf sinnlich und verspielt, kraftvoll und natürlich sein. Er soll dir und deinem oder deiner Liebenden entsprechen. Er ist Ausdruck eures Selbst. Prüfe deine eigene Wahrnehmung: Wo fühlst du dich wohl, wenn du dir vorstellst, dass du vor deinem Altar der Liebesbekundung sitzt? Wo fühlst du die tiefe Verbindung zu deinem Herzensmenschen am stärksten?

Dieser Platz kann durch ein dekoriertes Tablett im Wohnzimmer dargestellt werden. Ebenso gut und wirkungsvoll ist eine Bank an eurem Lieblingsplatz, dort, wo ihr euch hinsetzt und sofort in eurer Herzensverbindung schwingt, oder ein Baumstumpf im Wald, an dem ihr als Energieträger einen Halbedelstein positioniert. Alle Möglichkeiten zwischen den hier aufgeführten Orten sind gute Plätze für diesen besonderen Altar. Mit jedem Besuch oder Blick darauf wird der Platz genährt und gestärkt. Eure Seelenverbindung findet Ausdruck im Außen. Ein wichtiges Entscheidungskriterium für die Wahl des Platzes ist, dass ihr euch auch im Fall eines Streites oder einer Unstimmigkeit an diesem Platz treffen und die Verletzung heilen könnt – und dies dauerhaft, über Jahre hinweg. Mache dir bewusst, dass dieser Seelenort für euch als Liebespaar eine äußere Unterstützung auf eurem Weg ist.

Utensilien

In Innenräumen könnt ihr ein Tuch als Unterlage nutzen, ein Tablett, ein Brett oder eine Steinplatte passen aber auch. Klassischerweise könnte ein rotes Tuch verwendet und könnten ganz viele Herzen darauf verteilt werden. Möglicherweise verbindest du aber andere Gegenstände und Farben mit dem Begriff »frisch verliebt«. Es ist euer Altar, der euch beschreiben und unterstützen soll.

Wunderschön wirkt ein Foto von euch beiden aus der Zeit des Frischverliebt-Seins, auf dem die Begeisterung, das Glück und die Liebe deutlich in euren Augen funkeln. Entscheidet euch auch für einen Stellvertreter für jeden von euch beiden und je einen Stellvertreter für euren Gefühlszustand.

Was hat seit eurem ersten Kontakt Eindruck hinterlassen? Sucht nach Symbolen oder Erinnerungsstücken für Aktivitäten und Erlebnisse, die euch glücklich gemacht haben. Liebesbriefe, kleine Notizen füreinander, Gedichte, Sprüche über die Liebe, ein Notizzettel und ein Stift sollten ebenfalls auf dem Altar liegen. Gern kannst du auch schöne Blumen, besonders Rosen, aufstellen. Wähle eine dicke Kerze, vielleicht sogar in leuchtend roter Farbe, Stifte mit Flüssigwachs oder alternativ eine dicke Nadel.

Aktivierung

Nimm die Kerze, und schreibe mit den Wachsstiften oder ritze mit der Nadel eure beiden Namen auf bzw. in die Kerze. Beginne am Boden der Kerze, und schreibe in Richtung Spitze. Die Namen müssen nicht deutlich erkennbar sein, die Energie wird durch die Kerze gehalten. Stelle die

Kerze in die Mitte des Altars und das Foto eurer Liebe dicht daran. Fühle in deinem Herzen, was du wohin legen möchtest. Dieser Altar möchte ein äußeres Zeichen für eure inneren Zustände sein. Lege oder stelle eure Stellvertreter hinzu und die für eure Gefühle daneben.
Lasse eine Collage eurer Liebe und Verbundenheit entstehen. Vielleicht möchtest du eure beiden Stellvertreter mit einem roten Band umwinden. In vielen Traditionen symbolisiert ein Band die Verbundenheit zweier Menschen.
Wenn alle Gegenstände, Gedichte und Fotos ihren harmonischen Platz rund um die Kerze erhalten haben, entzünde die Kerze mit deinen Worten, z. B.:

»Möge das Licht dieser Kerze uns immer den gemeinsamen Weg erhellen und uns sicher auf dem Weg des Glücks führen, und möge unsere Liebe immer erkennbar sein.«

Bleibe noch ein wenig an diesem Ort der Liebe sitzen, und betrachte das Energiefeld. Lasse die Schwingung dieses Altars sich tief in dir verankern.

Umgang

Dieser besondere Ort mit seinem Altar ist jederzeit ein Abbild eurer Verbindung. Gibt es irgendwann einmal Schwierigkeiten zwischen euch, dann finde einen Stellvertreter für diese Situation, also das Gefühl und die Reaktion darauf. Es tauchen sicherlich Ängste, Missverständnisse, Machtspiele, negative Erinnerungen, Verletzungen u. Ä. auf. Das ist eine ganz natürliche Entwicklung auf dem Weg zueinander. Lasse dich führen, an welcher Stelle der Stellvertreter auf dem Altar wirken soll. Notiere auf einem kleinen Zettel die Bedeutung dieses Gegenstandes. Wenn du keinen Stellvertreter findest, reicht auch diese Notiz. Betrachte sie immer wieder, und bitte während des Betrachtens um Auflösung der Situation und Wandlung der mit ihr verbundenen Emotionen. Prüfe jedes Mal, ob die Notiz und der Stellvertreter an dieser Stelle noch richtig positioniert sind. Korrigiere ihren Platz, wenn nötig, und entferne sie, falls du keine Resonanz mehr dazu fühlst. Legt dein Partner einen Stellvertreter und eine Notiz hinzu, so gestatte dir, zu prüfen, wie das auf dich wirkt. Bitte diskutiere nicht darüber. Bei dieser Aktion geht es darum, die emotionale Verbindung zu dem Problem zu lösen, damit es anschließend – falls noch notwendig – sachlich erörtert werden kann. Meist jedoch erübrigt es sich, sobald es energetisch durch den Altar eures Seelenortes offensichtlich gemacht und bearbeitet wurde. Atme ruhig und geduldig, wenn du beim Betrachten unerwartete Gefühle bekommst, alles ist richtig. Was auftaucht, will gesehen und erlöst werden. Im Vertrauen einer liebevollen Verbindung lässt sich alles wandeln.

Frische Beziehungen werden euphorisch gelebt. Auf beiden Seiten befinden sich allerdings gewachsene und eingeschworene Persönlichkeiten, die eine Vergangenheit haben und von Erlebnissen geprägt wurden. Durch die Liebe, das Vertrauen und das Verständnis kann jeder von euch bleiben, wer oder wie er ist, und sich freiwillig öffnen und weiterentwickeln. Dies ermöglichen die Liebe und die Bereitschaft, gemeinsam den Weg des Lebens zu gehen.

Persönliche Altäre

Der Kraftplatz, den du für dich persönlich aufbaust, wird dich mit genau der Kraft aufladen, die du immer wieder brauchst. Er begleitet dich mit seiner Energie bei jedem deiner Schritte. Neben dem Aufbau von Kraft und Energie kann dich dein heilsamer Seelenort in ein Gefühl von Geborgenheit betten.

Den Ort für deinen persönlichen Kraftplatz solltest du mit Bedacht so wählen, dass er deinem Naturell entspricht. Wenn deine Freunde dir berichten, dass es nichts Besseres als ein heimeliges Fleckchen irgendwo im Wald oder am Feldrand gibt, um aufzutanken, ist das ihre persönliche Wahrnehmung. Wenn du selbst dich aber viel behüteter in deinem Garten, auf deinem Balkon oder in deinen vier Wänden fühlst, dann solltest du deinem Gefühl folgen. Ein persönlicher Kraftort ist dazu da, dir das Gefühl von Geborgenheit, Verstandensein und Energieaufladung zu geben. Achte daher bei deinem ganz persönlichen Seelenort darauf, dass deine Seele sich aufgehoben fühlt, wenn du dich in seiner Nähe befindest.

Ein Seelenplatz muss nicht schön sein, er muss wirken. Das ist seine Aufgabe. Mit der richtigen Intention dient dieser Ort deiner Heilung und Entwicklung.

Losgelöst von allen Klischees und Vorgaben anderer Menschen muss dein persönlicher Seelenort nur eines sein: so gestaltet, wie du selbst ihn liebst. Du musst dich mit ihm identifizieren können und dich selbst in seiner Form aufgehoben fühlen. Letzten Endes folgt ein persönlicher Kraftort keinerlei Regeln in der Gestaltung und Nutzung. Unabdingbar ist nur deine Achtsamkeit hinsichtlich der äußeren Sauberkeit und deines liebevollen Umgangs mit ihm. Fühle dich in allem anderen frei, und folge deinem inneren Impuls.

Deine Weiblichkeit und deine Männlichkeit

Hervorragend kannst du dir deine eigene Weiblichkeit und Männlichkeit bewusst machen, indem du für dich selbst einen Altar errichtest. Sei es dir wert, und erkenne dein Sein an. Du bist das Zentrum deines Lebens, und diese Erkenntnis darfst du für dich selbst bewusst ins Außen bringen. Durch das Errichten und Betrachten dieses ganz besonderen Altarplatzes formst du ein Energiefeld und setzt dich intensiv mit deiner eigenen Persönlichkeit auseinander. Dieser heilige Seelenort spiegelt dein eigenes Sein wider. Er ist ein Ausdruck deiner inneren Struktur.

Du kannst mit diesem Altar experimentieren. Dekoriere ihn je nach deiner Stimmung und deinen Empfindungen um. So, wie auch du im Wandel bist, kann er sich immer wieder wandeln. Mal lebst du deinen weiblichen, mal deinen männlichen Anteil aktiver und bringst diesen auf deinem Altar in den Vordergrund. Und dann wiederum gibt es Zeiten, in denen du dich ganz in deiner Balance befindest und beide Anteile gleichermaßen in dir wirken. Alles geschieht im natürlichen Rhythmus deiner Entwicklung. Dies drückt sich im Aussehen und in der Struktur deines persönlichen Altars aus. Er wird deinen Vorlieben dienen und deine innerste Schwingung aufnehmen. Dazu ist allerdings wichtig, dass du dich dir selbst gegenüber öffnest und in dich hineinfühlst.

Der geeignete Platz

Empfehlenswerterweise findet ein Altar für dich persönlich seinen geeigneten Platz an einer weniger der Öffentlichkeit zugänglichen Stelle. Dieser besondere Ort schwingt in der Energie deiner Seele und drückt deine reine Form aus. Er sollte allerdings auch jederzeit für dich erreichbar sein. Möglicherweise erschaffst du dir in deinem Schlafraum eine Rückzugsecke, in der du täglich ein paar ungestörte Minuten verbringen kannst. Ebenso passend ist ein Platz unter einem Busch oder Baum in der freien Natur, an dem du dich ganz besonders angenommen fühlst. Jede Baumart hat ihre ganz eigene Ausstrahlung. Dies kann sich stärkend auf deinen Platz auswirken. Bei einem Platz draußen in der Natur ist es allerdings schwierig, ihn nur für dich persönlich herzurichten, da er auch für andere Menschen zugänglich sein kann. Bedenke dies bei der Auswahl deiner Utensilien.

In Momenten der Überanstrengung, Ermüdung oder Energielosigkeit dient dir dein persönlicher Platz mit seiner speziellen Energie als Kraftquelle und reinigt dich von all den Anhaftungen deines täglichen Lebens. Je persönlicher dieser Ort eingerichtet wird, desto schneller können seine Kräfte für dich wirken.

Utensilien

Wie bereits erwähnt, gibt es keinerlei Beschränkungen in Bezug auf Material, Farbe, Größe oder Form. Einige Inspirationen möchte ich dir trotzdem an die Hand geben.

Im Laufe der Zeit sammeln wir Erinnerungen und Zeugnisse von Erlebnissen unseres Lebens. Das kann ein Stein sein, der in einer besonderen Situation zu deinen Füßen lag, oder ein Erinnerungsstück, das bei einer Begegnung zu dir kam.

Gleichermaßen kann eine von dir selbst geschliffene Holzscheibe ein sehr starker Aktivierungshelfer sein, der als Basis wunderbar deine eigene Energie repräsentiert und dich beflügelt. Vielleicht hast du sogar Freude daran, diese mit einem von dir geliebten Motiv zu bemalen. Ein besonderes Stück Stoff in einer Farbe, die dir gefällt und passend erscheint, dient dir ebenfalls als Basis.

Ein Foto von dir selbst sollte im Zentrum deines heiligen Platzes stehen. Dieses Foto, auf dem du dir besonders gut gefällst, motiviert dich, an dich zu glauben und dir zu vertrauen. Ein Foto deines Vorbildes, mit dem du dich innig verbunden fühlst, möchte ebenso deinen Seelenort zieren.

Bewahre eine Möglichkeit, deine aktuellen Orakelkarten und Runenscheiben auf deinem Altar zu platzieren. Hier ist ein guter Ort, deine Tageskarten, Wochenkarten, Tagesrunen oder Wochenrunen im Auge zu behalten.

Stelle auf jeden Fall eine schön verzierte Kerze auf deinen Altar. Dein Licht soll in die Welt leuchten, und dies kannst du dir immer vor Augen halten. Setze Räucherwerk ein, das dein Herz öffnet. Die Räucherschale steht in besonderem Zusammenhang mit dem Luftelement. Der Rauch, der durch das Verbrennen von Harzen, Kräutern, Blüten oder Hölzern aufsteigt, dient der Kommunikation mit der Geistigen Welt. Was ist dein Lieblingskraut oder deine Lieblingsmischung? Die Wirkung wird dich beschwingt deinen Tag beginnen oder zum Abend entspannen lassen. Der Rauch trägt deine Worte und Gebete zur Schöpfung und dient gleichzeitig

als Dankesgabe. Wenn du das Räuchern nicht magst, kann dir auch eine Aromalampe mit ätherischen Ölen dienen.
Dein Athame, ein Messer oder Dolch liegt griffbereit auf deinem persönlichen Altar, wenn du rituelle Handlungen durchführen möchtest. Er wird bei spirituellen Handlungen genutzt:

- zum Ziehen eines Kreises um dich herum, um die Energie zu lenken und einen heiligen Raum zu erschaffen.
- zum Zeichnen eines Pentagramms in der Luft oder auch auf dem Boden.
- zum Schneiden rituell genutzter Pflanzenteile.
- zum Zerkleinern ritueller Speisen.
- zum Entfernen von energetischen Anhaftungen an Menschen, Tieren, Gegenständen, Gebäuden.

Der Athame ist etwas ganz Persönliches und wird immer an einem geschützten Ort aufbewahrt – dein heiliger Seelenort ist dafür gut geeignet. Setze ihn niemals für profane Alltagshandlungen ein.
Auch ein Notizbuch und ein besonderer Stift finden dort ihren Platz, damit du deine Erlebnisse festhalten kannst.
Wenn du Blumen magst, stelle einen frischen Strauß auf den Altar. Er soll dich an das Leben erinnern. Sind die Blumen jedoch verblüht, entferne sie. Achte immer darauf, dass dein heiliger Ort sauber ist.
Besondere Tannenzapfen von einem deiner Waldspaziergänge, Aststücke, Kristalle, Steine, Federn und weitere Kerzen dekorieren deinen Altar auf eine sehr naturverbundene Weise. Meditativ auf diese Steine oder Aststücke gemalte Zeichen und Symbole schaffen eine intime Verbindung zur Schwingung deines Altars und damit zu deinem Innern. Zusammen mit deinen Erinnerungsstücken bildet dies alles ein hütendes und nährendes Nest für deine Seele.

Aktivierung

Nimm dir besonders für diesen Altar Zeit, damit er wachsen kann, auch wenn dies bedeutet, dass du mehrere Wochen dafür benötigst.

Wenn du den geeigneten Platz gefunden hast, setze dich dort hin und schließe deine Augen. Atme entspannt ein und aus, und fühle, wie du innerlich zur Ruhe kommst. Stelle eine Verbindung zwischen deinem Herzen und der Stelle her, an der du den Altar errichten wirst. Bitte deine geistige Führung um Bilder, wie dein persönlicher Seelenort aufgebaut sein kann, damit er dich optimal unterstützt. Lasse ihn vor deinem inneren Auge entstehen, und erfreue dich daran. Sollten die Bilder auf sich warten lassen, sei einverstanden damit. Alles entwickelt sich in der richtigen Art und Weise.

Nun lege die Gegenstände bereit, mit denen du deinen Altar gestalten möchtest. Ein Tablett oder eine große Platte als Basis macht den Altar transportabel.

Reinige alle Gegenstände, die du ausgewählt hast, wie im Kapitel

»Reinigung und Segnung eines Ortes« beschrieben. Stelle Stück für Stück auf deinen Altar, und fühle in die Wirkung hinein. Du darfst alle Objekte immer wieder verschieben und umordnen, so lange, bis sich das gesamte Energiefeld harmonisch für dich anfühlt.
Entzünde die Kerze und das Räucherwerk. Setze dich zu deinem liebevoll errichteten Seelenplatz, und genieße seine Ausstrahlung. Sprich nun die Worte:

»Ich rufe meine geistigen Begleiter und Unterstützer.
Nehmt diesen Ort als Verbindung zwischen euch und mir an.
Ich segne diesen Platz mit der Liebe meines Herzens.
Ich sehe mich.
Ich segne mich.
So ist es, so ist es, so ist es.«

Umgang

Mit diesem Seelenplatz hast du deinen ganz besonderen Ort der Ruhe, Geborgenheit und Heilung erschaffen. Dieser ist nur dir vorbehalten. Die Schwingung, die hier entsteht, wirkt positiv auf dein Leben. Sie unterstützt dich dabei, dich zu zentrieren und dir selbst gegenüberzutreten.
Mache es möglichst zu einem täglichen Ritual, deine verzierte Kerze zu entzünden. Sprich dabei die Worte:

»Ich entzünde mein Licht und strahle es in die Welt.
Möge dieses Licht mir Freude bringen und mich klar erkennen lassen, was für mich wichtig ist.«

Lasse die Kerze brennen, solange es dir möglich ist. Dabei darf sie aber niemals unbeaufsichtigt sein. Achte auch auf einen stabilen Stand.
Räuchere jedes Mal für die Unterstützung aus der Geistigen Welt. Hast du nur wenig Zeit, dann entzünde wenigstens ein Räucherstäbchen oder einen Räucherkegel als Ausgleichsgabe.
Nutze diesen besonderen Platz zum Rückzug und zur Stärkung. Nimm dir immer wieder Zeit, dich an diesen Altar zu setzen. Schaue auf die Kerzenflamme, und beobachte deine Gedanken, fühle in deinen Körper hinein. Was kannst du für dich tun? Was fehlt dir,

damit du dich gesund, kraftvoll und motiviert fühlst? Vielleicht möchtest du dir selbst ein paar motivierende Zeilen schreiben und diese für eine Weile auf deinen Altar legen.

Du kannst deinen Seelenort jederzeit anpassen, verändern, erweitern oder komplett neu gestalten. Nichts ist endgültig, alles darf sein. Räuchere die entfernten Gegenstände mit reinigendem Räucherwerk, und führe sie wieder anderen Aufgaben zu. Dein Seelenplatz wandelt sich auf die gleiche Weise, wie du dich entwickelst und veränderst. Und doch hält er immer wieder die Energie für dich aufrecht, mit der du wachsen kannst.

Der Seelenblick

Eine Variante deines persönlichen Altars ist die Nutzung zur Selbsterkenntnis. »Schaue dir in die Augen, schaue tief in dein Inneres! Erkenne dich«, rät dir dieser Seelenort. Du bist an ihm völlig geschützt und kannst dich öffnen. Nur du und deine Verbündeten aus den Geistigen Reichen sind anwesend, wenn du dich an diesen Platz begibst. Hast du Zweifel bei einer bevorstehenden Aufgabe? Ist die Verbindung zu deiner Selbstwahrnehmung gestört? Kannst du wahrnehmen, was dich ausmacht? Die Zusammenarbeit mit diesem besonderen Seelenplatz öffnet deine Sinne. Du bekommst Klarheit und Erkenntnisse über das, was bestimmend ist.

Der geeignete Platz

Du kannst diesen besonderen Seelenort überall errichten, wo du ungestört allein sitzen kannst und Ruhe hast. Dafür bietet sich gleichermaßen dein persönlicher Altar der Weiblichkeit und Männlichkeit an. Dieser ganz spezielle Seelenort sagt bereits viel über deine Persönlichkeit aus. Solltest du ihn noch nicht errichtet haben, schaue, ob du dich am Punkt »Der geeignete Platz« im Kapitel »Deine Weiblichkeit und deine Männlichkeit« orientieren möchtest.

Utensilien

Das wichtigste Utensil für diesen Altar ist ein Spiegel, der groß genug ist, dass du deinen Kopf und Hals darin sehen kannst.

Weiterhin brauchst du einen Tisch, auf dem der Spiegel stehen kann, und eine bequeme Sitzgelegenheit, die vor diesem Spiegel steht. Ein dunkelblaues Tuch in einem Material, das du frei wählen kannst, sollte die Oberfläche des Tisches komplett bedecken.

Lege mehrere kleine Notizzettel und einen Stift bereit.

Wenn du eine Rassel besitzt, lege sie vor den Spiegel. Alternativ kannst du eine kleine Schachtel mit Reiskörnern oder Perlen füllen.

Stelle eine Kerze mit Untersetzer auf den Altar. Du kannst eine Stabkerze nutzen, eine Stumpenkerze funktioniert natürlich genauso gut. Lege Streichhölzer dazu. Für rituelle Kerzen solltest du kein Feuerzeug benutzen. Die Natürlichkeit der Streichhölzer bereichert den Moment des Anzündens der Kerze. Außerdem benötigst du eine dicke Nadel oder einen Nagel.

Aktivierung

Dieser Seelenblick ist eine ganz besondere Arbeit, bei der du tief in dein Inneres hineinblickst.
Räuchere den Raum um dich herum und auch dich selbst mit einer reinigenden Räuchermischung. Stelle den Tisch und die Sitzgelegenheit an eine Stelle, an der du während der gesamten Dauer des Seelenblicks ungestört bist. Breite das dunkelblaue Tuch über den Tisch aus, und stelle den Spiegel in der Mitte auf. Lege die Notizzettel und den Stift vor dich hin.
Nimm die Kerze in die Hand, und ritze mit der Nadel von unten nach oben das Wort »Klarheit« ein. Stelle die Kerze dann links neben den Spiegel, und lege die Streichhölzer dazu. Alles ist nun dafür bereit, den Seelenblick zu wagen.

Umgang

Wenn du einverstanden und bereit bist, entzünde die Kerze mit einem Streichholz.
Setze dich entspannt vor den Spiegel. Achte darauf, dass du in der Position bequem für eine längere Zeit aufrecht sitzen kannst. Dein gesamter Kopf und Hals muss im Spiegel gut zu sehen sein. Sorge für ausreichend Beleuchtung, damit du dich klar im Spiegel betrachten kannst.
Schließe die Augen, und entspanne dich, indem du ein paarmal tief ein- und ausatmest. Bitte deine geistige Führung darum, sich mit dir und deinem Innersten zu verbinden.

Öffne deine Augen wieder. Atme tief ein und aus. Blicke jetzt in den Spiegel, und schaue dir tief in die Augen. Halte Blickkontakt mit dir. Sprich laut aus:

»Ich blicke tief in mich hinein und finde mein wahres Selbst.«

Beobachte, was mit dir geschieht. Halte weiterhin Blickkontakt mit deinem Spiegelbild. Welche körperlichen Reaktionen nimmst du wahr? Verändert sich dein Atem? Wie fühlst du dich in deiner Haut? Welche Körpertemperatur nimmst du wahr? Atme ruhig und gleichmäßig, und schaue dir weiterhin tief in die Augen. Es formt sich ein Gedanke zu einem Satz. Wiederhole ihn, wiederhole ihn mehrfach.
Stimmst du dieser Aussage von ganzem Herzen zu? Stellt sie etwas Wahrhaftiges über dich fest? Oder hast du einen deiner übernommenen Glaubenssätze gefunden, die du als real gelten lässt? Notiere deine Seelenbotschaft auf einem der Notizzettel, und hänge ihn an eine Stelle, an der er dir häufig ins Auge fällt. Wenn du möchtest, lasse diesen Seelenort noch eine Weile stehen. Setze dich immer wieder vor den Spiegel, schaue in deine Augen, und lasse aufsteigen, was aus deinem tiefsten Innern in dein Bewusstsein dringen möchte. Mit ein wenig Übung wirst du mit dieser Methode des Seelenblicks tiefe Erkenntnisse über deinen Seinszustand erhalten.

Dieser persönliche Seelenaltar muss dir nicht dauerhaft zur Verfügung stehen. Du kannst ihn wieder abbauen, sobald du das Thema geheilt hast. Du wirst spüren, wann du ihn für eine weitere tiefe Erkenntnis nutzen möchtest.

Die Wunschaltäre

Kann es ihn wirklich geben, den Wunschaltar? Einen Ort, durch dessen Existenz unsere Wünsche erfüllt werden? Viele haben in jungen Jahren Wunschzettel ans Christkind oder an den Weihnachtsmann geschrieben und mit selbst gemalten oder aufgeklebten Bildchen versehen. Sie hofften, dass ihre Wünsche erfüllt würden – und dank der Eltern und Verwandten wurde der eine oder andere Wunsch tatsächlich wahr. Der Wunschzauber wirkte offensichtlich. Aber welche Kraft bewirkte wirklich die Erfüllung? Es war der unerschütterliche Glaube an die Erfüllung.

Diese Zeiten der kindlichen Wunschzettel sind für die meisten Lesenden schon lange liebevolle Erinnerung. Doch der Zauber, die Möglichkeit der Wunscherfüllung, wirkt heute immer noch. Die magische Kraft des unbeirrbaren Glaubens unterstützt uns auch als Erwachsene noch bei der Erschaffung unserer Realität. Wir wünschen – die Helfer aus der Geistigen Welt machen sich auf den Weg. Der einzige Haken an diesem Prinzip ist, dass die Erfüllung in unseren Lebensplan passen muss und wir bereit sein müssen, einen Ausgleich dafür zu geben. Etwas geben, wenn du einen Wunsch erfüllt bekommst? Das scheint dir vielleicht seltsam. Doch alles strebt nach einer Balance, nach Harmonie, einem Ausgleich. Wenn wir eine Energie geschenkt bekommen, in welcher Form auch immer, so wird nach den kosmischen Prinzipien dafür von uns ein Opfer gefordert. Dabei handelt es sich nicht um ein Gegengeschenk, sondern eine Reaktion, die die Waagschale in die Balance zurückbringt. Der Ausgleich für das Geschenk der Wunscherfüllung kann z. B. Dankbarkeit, Freude oder Wertschätzung sein. Etwas zu beenden oder neu zu beginnen, ist ebenfalls eine Form der Gegenleistung für die Erfüllung eines Wunsches.

Die Geistige Welt ist kein kostenloser Lieferservice, es ist keine Einbahnstraße, in der es nur zu dir hin führt. Damit alles im Einklang existiert, wird sich dir zeigen, wie du das überbrachte Geschenk mit einer Reaktion ausgleichen kannst. Und du wirst erkennen, wie fruchtbar und erfreulich eine Wunscherfüllung wird, wenn du deine Handlung aus deinem Herzen heraus durchführst und dem Wunderbaren Zeit lässt, zu geschehen.

Die Formulierung eines Wunsches, der dir am Herzen liegt, sollte in Bezug auf die Art der Erfüllung und der Umsetzung möglichst frei sein und keinerlei Vorgaben machen. Erfahrungsgemäß sind die Ergebnisse schöner und wirkungsvoller, als wir es uns in unseren kühnsten Träumen ausgemalt hatten. Oder wir stellen im Nachhinein fest, dass sich das Ergebnis so, wie wir es gefordert hatten, weniger verlockend zeigt. Die Helfer aus den Geistigen Reichen unterstützen uns auf bestmögliche Weise, wenn wir sie lassen.

Dein magisches Gefäß

In vielen Kulturen gehen die Menschen davon aus, dass Verbündete aus der Anderswelt wie Ahnen, Naturwesen, Engel, Geistführer und Krafttiere einen größeren Überblick über die Verstrickungen und Lenkungen des Lebens haben. Über die Jahrhunderte entwickelten sie in den einzelnen Kulturen verschiedene Methoden, mit der Geistigen Welt in Kontakt zu treten. Dies erfolgt je nach Tradition über Meditation, schamanisches Reisen, Visionssuche, Spirit-Walks oder auch die Arbeit mit dem magischen Gefäß. Dieses ist ein rituelles Arbeitsutensil, das manchmal auch Ahninnen- oder Göttinnentopf genannt wird. Ich werde ihn in diesem Kapitel »magisches Gefäß« nennen. Wie du ihn nennen möchtest, entscheidest du je nach der Wesenheit, mit der du zusammenarbeitest. Durch die Arbeit mit diesem magischen Gefäß erschaffst du einen Übergang, eine Art Tür, durch die du die Schwingungen der Anderswelt erreichen kannst. Im Austausch dafür können diese auch auf deine Bedürfnisse zugreifen und deine in dieses Gefäß übergebenen Wünsche und Bitten unterstützend begleiten.

Durch dieses besondere Gefäß wirkt deine eigene Energie, deine persönliche Magie, und wird aus den Geistigen Reichen aufbauend unterstützt. Alles, was du in es hineinlegst, wird mit Liebe und Klarheit behandelt und seiner Bestimmung zugeführt. Deine Helfer sehen es an, reinigen es. Möglicherweise müssen sie es auch erst »gar kochen«, und dann bereiten sie es für deinen Lebensweg optimal auf. Dies kann allerdings auch eine vollständige Auflösung bedeuten.

Sicherlich kannst du dir ein fertiges magisches Gefäß kaufen. Intensiver wird es aber für dich wirken, wenn du deine eigenen Vorstellungen hineinfließen lässt. Indem du es selbst herstellst, steigerst du den Zauber und verleihst dem Gefäß deine persönliche Note. Dadurch entspricht es deiner eigenen Essenz.

Der geeignete Platz

Das magische Gefäß sollte dir heilig sein und immer vor dem Zugriff anderer Menschen geschützt aufbewahrt werden. Du kannst es auf deinen persönlichen Altar stellen. Im hinteren Bereich ist es gegen Fremde abgeschirmt. Wenn du noch keinen Altar hast, kannst du auch einen eigenen Platz für dein magisches Gefäß errichten. Dieses Gefäß ist etwas ganz Besonderes, Einmaliges und Kraftvolles, denn es hütet deine individuelle Entwicklungschance. Ehre es, und gehe fürsorglich damit um.

Utensilien

Eine Unterlage aus Filz, Holz, Stoff oder ein kleines Tablett eignen sich gut als Basis. Unter dein magisches Gefäß solltest du nur Materialien legen, durch die es aufgewertet wird und die ausstrahlen, dass dieses Gefäß für dich eine besondere Bedeutung hat. Sei dir immer bewusst, dass dieser besondere magische Gegenstand nur dir allein zur Verfügung stehen sollte und nur von dir berührt werden darf.

Der Zauber deines magischen Gefäßes ist nicht auf einzelne Rituale beschränkt. Seine Wirkung dauert an und verändert sich ständig, dem Prozess deiner Entwicklung angepasst. Eine Möglichkeit, mit ihm zu arbeiten, ist, einen Wunsch aufzuschreiben. Nimm hierfür kleine Zettel. Damit sich das Papier bereits mit der magischen Kraft auflädt, kannst du vorbereitete Zettel und einen Stift, den du nur für solche Zwecke einsetzt, immer neben deinem magischen Gefäß liegen haben. Auf diese Weise schwingen sie in deiner Energie und arbeiten gut mit dir zusammen.

Magisches Gefäß

Ein magisches Gefäß entsteht nicht an einem Tag. Seine Herstellung ist ein Wachstumsprozess, den du in deiner Geschwindigkeit vollziehst. Alles beginnt mit der Idee. Überlege, welche Verzierungen und Zeichen dein Gefäß aufladen sollen. Welche Kräfte sollen dich über einen langen Zeitraum begleiten? Natürlich kannst du Zeichen und Begriffe auch nur

auf Zettel schreiben und diese in oder unter dein Gefäß legen, bis du dir sicher bist, dass du die richtigen gewählt hast. Mache dir Gedanken, lasse dich führen, und die passende Kraft wird sich von selbst zeigen. Optimal ist, wenn du töpfern kannst und dir dein Gefäß selbst herstellst. Alternativ kannst du es aber auch gut aus einem Tontopf für Blumen fertigen. Unglasierter Ton eignet sich besonders gut für die Verwendung, denn er kann leicht mit Acrylfarbe oder Wachsmalstiften bemalt werden, wodurch er deine eigene Magie erhält. Jeder andere Topf aus natürlichen Materialien eignet sich ebenso. Die Form ist für die Funktion und Wirkung von untergeordneter Bedeutung. Wichtig ist, dass dir die Form gefällt. Auch die Größe muss auf dich ansprechend wirken. Bedenke, dass deine Notizen und Wünsche über einen längeren Zeitraum darin Platz finden müssen. Unten muss dein Gefäß geschlossen sein, die meisten Blumentöpfe haben aber ein Ablaufloch. Dieses kannst du mit einer runden Abdeckung von innen abdichten. Schneide dir hierzu einen Kreis aus fester Pappe, Metall oder Holz, klebe diesen auf den Boden deines Gefäßes, und verschließe damit das Ablaufloch. Wenn du möchtest, kannst du diesen Bodendeckel besonders verzieren.
Du benötigst einen Deckel für dein Gefäß, schließlich sollen deine Wünsche in Ruhe »garen« können. Benutzt du einen Blumentopf, findest du meist passende Untersetzer aus Ton, die du, eventuell umgedreht, auch als Deckel nutzen kannst. Du wirst schnell herausfinden, wie das am besten funktioniert. Alternativ kannst du aus Ton, der an der Luft trocknet und nicht gebrannt werden muss, einen geeigneten Deckel formen. Solange das Material noch weich ist, kannst du deine eigenen Kraftzeichen oder Runen hineinritzen. Alles ist als Deckel für dein magisches Gefäß richtig, was sicherstellt, dass es lichtdicht abgeschlossen ist, und dir gefällt.

Sobald das Gefäß fertig ist, brauchst du folgende Utensilien:

- Farbe, falls du den Topf bemalen möchtest. Acrylfarbe eignet sich besonders gut, weil sie schnell trocknet, leicht zu deiner persönlichen Farbauswahl gemischt werden kann und lange haltbar ist. Wähle verschiedene Farben nach deinem Geschmack sowie Zinnoberrot, die traditionelle Farbe der Runen. Alternativ eignen sich Filzstifte oder Wachsmalstifte.
- mehrere feine Pinsel und einen Borstenpinsel, wenn du flüssige Farben nutzt (schau selbst, welche dir zusagen)
- einen weichen Bleistift
- ein Radiergummi
- einen Halbedelstein, eine Holzperle o. Ä. als Griff für den Deckel (zusätzlich brauchst du einen geeigneten Stein- oder Holzkleber, der klar aushärtet)
- Symbole für Schutz, Entwicklung und Wunscherfüllung. Wenn du dein magisches Gefäß mit der Wirkung von Runen stärken möchtest, eignen sich besonders:*
  - » INGWAZ, die kosmische Gebärmutter, die dir bei der Entwicklung hilft
  - » ALGIZ als Schutz, der den Raum der Entwicklung aufrechterhält
  - » BERKANA für den Beistand der Großen Göttin
  - » DAGAZ für den Kontakt zur allerhöchsten Quelle
  - » FEHU für die Zielerreichung, Wachstum von Wohlstand
  - » RAIDHO für die fortschreitende Entwicklung
- dein Kraftsymbol, das du selbst finden und mit dem du dein magisches Gefäß verzieren kannst. Dies wirkt sehr persönlich und stärkend. Dein persönliches Symbol findest du in einem Traum, einer Meditation, bei einem Besuch in der Natur oder durch das Beobachten deiner Gedanken und Impulse.

---

* In meinen Büchern »Runenrituale für die alltägliche Praxis«, »Rauhnächte und die Kraft der Runen« und »Runenschätze – Namenskräfte« findest du noch mehr über die Energie und Wirkung von Runen heraus. Schaue sie dir gern an!

Zur Aktivierung des Altars benötigst du noch:

- Räucherwerk zur energetischen Reinigung (Weihrauch, Beifuß, Salbei, Kiefernharz, Wacholdernadeln und -beeren)
- ein wenig Erde von deinem Lieblingskraftplatz
- getrocknete Kräuter und Blüten, die du als Geschenk auf den Gefäßboden legst (gut eignen sich Mädesüß, Ringelblumenblüten oder -samen, Rosenblätter, Lavendelblüten)
- ein kleines, möglichst aktuelles Foto von dir
- Fotos deiner Ahnen, Gottheiten oder spirituellen Lehrer und Lehrerinnen, die du zur Unterstützung einladen möchtest
- eine Kerze
- Gegenstände, die du mit einem deiner Helferwesen verbindest

Die Geistige Welt mit deinen persönlichen Helfern unterstützt dich bei dieser Arbeit und hütet deine wertvollen Gegenstände so lange, wie du die Hilfe benötigst. Dein magisches Gefäß und deine Energie verbinden sich mit der Zeit zu einem wirkungsvollen Team.

Aktivierung

Nimm dir für die Herstellung deines magischen Gefäßes und die Aktivierung dieses Kraftplatzes ausreichend Zeit, und lasse dich dabei von deiner Intuition führen. Sorge dafür, dass du ungestört in deinem eigenen Energiefeld bleibst. Lege zu Beginn alles bereit, was du für deine Arbeit benötigst. Wenn du möchtest, lasse schöne, unterstützende Musik laufen. Zünde eine Kerze an, und sprich eine Bitte um Führung und Unterstützung.

Komme innerlich zur Ruhe, lasse die Alltagsgedanken gehen, und räuchere deine Aura mit reinigenden Kräutern und Harzen. Reinige auch alle Gegenstände, die du benutzen willst, mit der Räucherung. Fertige dein magisches Gefäß. Folge dabei deiner inneren Stimme. Möglicherweise entsteht währenddessen in dir ein Lied. Singe deinen inneren Rhythmus, und bereichere den Vorgang dadurch. Bemale deinen Topf und Deckel, wenn du das möchtest, mit für dich passenden Symbolen, z. B. Pentagrammen, Triskelen, Runen,

Spiralen oder auch skizzierten Silhouetten deiner Schutzwesen, in für dich passenden Farben. Male den Topf auch von innen an. Lasse deine Liebe und deine Vorstellungen einfließen. Denke daran, das Loch im Boden deines Gefäßes zu verschließen, falls es eines gibt, denn damit dein magisches Gefäß kraftvoll wirken kann, muss es rundherum geschlossen sein. Klebe dann den Griff an den Deckel. Genieße jede Aktion, und heiße jedes deiner Gefühle willkommen. Du erschaffst ein mächtiges energetisches Werkzeug, und dieser Vorgang spült in manchen Fällen alte Erinnerungen hoch, die deine Gefühle triggern. Unterbrich die Arbeit, um deine Reaktionen zu reflektieren. Wenn du wieder in deiner Mitte bist, arbeite weiter. Mache zwischendurch Pausen, wie es dir gefällt. Lehne dich zurück, und genieße deine Zwischenstände. Die Herstellung eines magischen Gegenstandes ist ein Entwicklungsschritt, der dich mit deiner inneren Stärke verbindet.

Dein magisches Gefäß ist fertiggestellt, wenn du während des Betrachtens Freude und abschließende Zufriedenheit empfindest.

Verteile im nächsten Schritt die Erde deines Lieblingsplatzes auf dem Boden deines Gefäßes. Stelle dir dabei vor, wie sich die Kraft jenes Ortes auf dein magisches Gefäß überträgt. Darauf bettest du die getrockneten Kräuter und Blüten als Geschenk an die Helferwesen, mit denen du zusammenarbeitest. Die Fotos oder Zeichnungen deiner spirituellen Helfer bilden einen Kreis an der Innenseite der Gefäßwand deines magischen Topfes. Bei jedem Bild, das du in das Gefäß hineingibst, rufe die Kraft des dargestellten Wesens zu dir, und danke diesem für sein Kommen und seine Unterstützung. Wähle deine eigenen Worte dafür, sie sollten von Herzen kommen. Fühle, wie sich die Kraft mit jedem Helfer stärker aufbaut. Stelle auch dein Foto hinein. Du gehörst in den Kreis der Wesen, die für deine Projekte arbeiten.

Fühlt sich dein magisches Gefäß vollständig an, dann lehne dich zurück und betrachte dein Werk. Du hast einen sehr wirkungsvollen Kanal zu deinen geistigen Helferwesen geschaffen, der dir und deinen Bedürfnissen dient. Entscheide dich, an welchen Platz du dein magisches Gefäß stellen möchtest. Prüfe, ob dieser Ort physisch sauber ist. Danach räuchere die Stelle mit reinigenden Kräutern und Harzen, z. B. mit Weihrauch, Salbei oder Beifuß. Nachdem du auch die ausgewählte Unterlage gereinigt hast, kannst du sie an den vorgesehenen Platz legen. Stelle dein magisches Gefäß darauf, und wisse: Es ist jetzt einsatzbereit.

Umgang

In dein magisches Gefäß kannst du Stellvertreter für alles hineingeben, was deinem Willen nach verändert, bearbeitet oder aufgelöst werden soll. Die darin wirkende Kraft lenkt den Fokus auf deinen Wunsch. Energie folgt der Aufmerksamkeit, Materie folgt dem Geist. Was du in den Mittelpunkt rückst, sprich, der Energie in deinem magischen Gefäß übergibst, beginnt, sich zu verändern. Deine Gedanken formen deine Zukunft, und wenn du Lösungen erzielen möchtest, musst du zulassen, dass Gegebenheiten sich verändern.

Entzünde zu Beginn jeden Gebrauchs eine Kerze auf dem Altar deines magischen Gefäßes. Räuchere dich selbst mit reinigenden Kräutern ab. Setze dich einen Moment in Ruhe vor deinen Altar, und besinne dich darauf, was du jetzt initiieren möchtest. Schließe deine Augen, und atme ruhig durch. Wenn du dich entspannt und klar fühlst, öffne deine Augen wieder.

Wenn du um eine Wunscherfüllung bitten möchtest, schreibe deinen konkret formulierten Wunsch auf einen Zettel. Er kann dafür sorgen, dass du etwas Neues erhältst, sich etwas klärt oder etwas aufgelöst wird. Achte auf eine genaue Wortwahl, vermeide negative Formulierungen und das Wort »nicht«. Besser, du benennst klar, was du willst, was als Ergebnis geschehen soll. Ein Beispiel: Statt »Ich möchte nicht immer vor Verlegenheit rot werden« wirkt »Ich möchte gelassen und entspannt bleiben, wenn ich aufgeregt oder beschämt bin« viel kraftvoller als Arbeitsauftrag an deine geistigen Helfer.

Eine weitere Möglichkeit für die Nutzung deines magischen Gefäßes ist die Entladung von Gegenständen, die Bitte, dass anhaftende Energien von ihnen genommen werden. Ist das Objekt klein genug, kannst du es

direkt in dein Gefäß legen und um die Entladung bitten. Ansonsten verwende ein Foto von dem Gegenstand. Die vollständige Entladung ist erfolgt, wenn du das starke Gefühl bekommst, dass du diesen Gegenstand oder seinen Stellvertreter wieder herausnehmen kannst.

Dein magisches Gefäß wirkt zudem wie eine Gebärmutter und fördert alle Wachstumsprozesse. Deshalb eignet sich diese Arbeit besonders gut für Geldmagie. Lege einen Geldschein hinein, und bitte um Wachstum und Vermehrung. Wichtig ist dabei, dass du darauf vertraust, dass sich der Geldzufluss verbessert. Gib ab dem Moment der Aktivierung das Geld, das außer der Reihe zu dir kommt, in dein Gefäß. Lasse zu, dass es sich eine Weile ungezählt entwickelt. Möglicherweise sammelt sich das Geld aber stattdessen auf deinem Bankkonto an. Alternativ erhältst du etwas geschenkt, was du dir gerade anschaffen wolltest, sozusagen als geldwerten Ausgleich. Hast du den Zauber gestartet, bedanke dich für die Unterstützung. Schließe das Gefäß mit dem Deckel dicht ab, und stelle es an seinen Platz zurück. Lösche die Kerze, und atme dreimal tief durch, um dich wieder ins Hier und Jetzt zurückzuholen. Lasse die Dinge sich entwickeln, alles braucht seine Zeit.
Es können auch verschiedene Projekte zeitgleich in deinem magischen Gefäß ablaufen. Achte auf deine Intuition. Irgendwann fühlst du den Impuls, nachzuschauen, und bemerkst, dass das eine oder andere Projekt erledigt ist. Dann nimm den zugehörigen Gegenstand oder Zettel heraus. Notizzettel kannst du verbrennen und die Asche entsorgen.

Die Arbeit mit dem magischen Gefäß ist sehr abwechslungsreich, und du hast viele Möglichkeiten, dich begleiten zu lassen. Lasse deine Fantasie wirken, und traue dich, Neuland zu betreten.

Eine neue Arbeitsstelle

Du suchst eine neue Arbeitsstelle, hast aber noch keine Idee, wie und wo du sie finden kannst? Du hast zwar eine innere Ahnung, wie deine Arbeitsstelle oder dein neues Aufgabengebiet aussehen könnte, findest aber keinen roten Faden, an dem du dich orientieren kannst? Dieser Altar wird dich bei der Klärung deiner Bedürfnisse und Ideen leiten und deinen Weg während der Entwicklungs- und Findungsphase hüten. Für die Dauer des Prozesses werden durch deine Absicht die Fäden gewoben, damit zusammenkommt, was zusammengehört. Es mag vielleicht eine längere Zeit dauern, und du bekommst den Eindruck, dieser Altar hätte keine Wirkung. Bedenke dabei, dass sich oftmals erst viele Veränderungen ergeben müssen, damit der Weg zu deinem Ziel frei ist. Unter Umständen muss erst eine andere Person diesen Arbeitsplatz frei machen oder deine Stelle erst neu geschaffen werden oder so umstrukturiert, dass du dort zufrieden bist. Vielleicht muss sich deine Einstellung oder Vorstellung erst noch zu Ende formen, bis du genug Klarheit erlangst, um deinen wirklichen Wunsch zu äußern. Wenn du erkennst, dass dies der Fall ist, dann formuliere deinen Wunsch neu.

Es geschieht, dass die gelieferten Ergebnisse unserer Wünsche zu groß sind, als dass wir sie in Empfang nehmen können. Damit du dir bei der Wunscherfüllung nicht selbst im Weg stehst, wirst du während dieser Phase Erfahrungen machen, die dir helfen, Begrenzungen aufzulösen, sodass du das Geschenk annehmen und auch behalten kannst. Dieser besondere Seelenort hütet für dich die Energie, durch die sich dein Wunsch erfüllen kann.

Der geeignete Platz

Dieser besondere Kraftort sollte an einer Stelle aufgebaut werden, der außerhalb der Reichweite anderer Menschen liegt. Es handelt sich um eine ganz besondere Aufgabe, die deinen persönlichen Lebensweg sehr intensiv prägt, und daher muss der Altar möglicherweise für eine Entwicklung über mehrere Wochen gehütet werden. Lasse diesen Seelenort in Ruhe und ohne störende Einflüsse von außen wirken. Da er ohne dein weiteres Zutun für dich arbeitet, kannst du ihn in deinem Schlafzimmer errichten. Auf diese Weise kann auch dein Unterbewusstsein während des Schlafes durch deine Helfer aus den Geistigen Reichen geformt werden.

Utensilien

Du benötigst ein quadratisches Stück Pappe in einer Größe von mindestens 25x25cm. Male am äußeren Rand einen ca. 1cm breiten, kräftig roten Rand darauf, sodass eine INGWAZ-Rune entsteht. Gut eignet sich ein Faserschreiber oder Wachsmalstift, du kannst aber auch Acryl- oder Wasserfarbe benutzen. Zusätzlich brauchst du kleine Zettel und einen Stift für deine Notizen. Sammle Bilder von Situationen, die deine neue Arbeitsstelle darstellen. Mache auch ein aktuelles Foto von dir, auf dem du glücklich und zufrieden lachst.

Aktivierung

Setze dich vor deine Rune, und bitte deine geistigen Helfer um Unterstützung. Male dir im Geist genau aus, wie es sich anfühlt, wenn du dein Ziel erreicht hast. Wie willst du dich an deiner neuen Arbeitsstätte fühlen? Nimm alle deine Zellen wahr, und lasse das Erfolgsgefühl in dir groß werden. Trage alles, was dir dazu in den Sinn kommt, auf einem

Zettel zusammen. Dazu kannst du dir gern ein paar Tage Zeit lassen. Finde deine Klarheit. Was ist dir an deinem neuen Arbeitsplatz, an deiner neuen Aufgabe wichtig? Schreibe auf, was du willst, aber formuliere es positiv. Achte darauf, zu notieren, was du willst, und nicht, was du nicht willst. Du kannst auch mehrere kleine Zettel beschriften, wenn dieser Prozess länger dauert.

Lies dir noch einmal deine Notizen durch, wenn du fühlst, dass der Zeitpunkt gekommen ist, den Altar zu aktivieren. Lege deine einzelnen Zettel der zeitlichen Reihenfolge nach vor dich hin. Halte auch die Fotos, die deine neue Tätigkeit darstellen, bereit. Der nächste Akt ist sehr machtvoll. Mache dir bewusst, dass du dir gerade deine neue Arbeitsstelle bestellst. Lege deine INGWAZ-Rune mit einer der Spitzen zu dir zeigend vor dich hin. Sitze aufrecht, und atme tief ein und aus. Fühle die Kraft und Entschlossenheit in dir. Sprich laut aus:

»Ich bin bereit, meine neue Arbeitsstelle anzutreten. Meine neue Arbeitsstelle hat …«

Nun lies nacheinander laut die Bedingungen vor, die du vorher notiert hast. Verweile nach jedem Punkt ein paar Sekunden, damit sich diese Botschaft in deinem Bewusstsein setzen kann. Hast du einzelne Zettel, so klebe nach dem Vorlesen den Zettel in der INGWAZ-Rune fest. Achte auf die logische Reihenfolge. Hast du alles auf einem Zettel notiert, klebe nach der letzten Bedingung den Zettel mittig in die INGWAZ-Rune. Sprich zum Abschluss laut:

»So ist es, so ist es, so ist es.«

Umgang

Der Zauber der INGWAZ-Runenkraft liegt in der Geduld. Wie bei jeder Schwangerschaft heißt es, den Prozess initialisieren und dann warten. Es ist aber keine Rede von Nichtstun. Während sich deine neue Arbeitsstelle formt, kannst du sie, wie jede Schwangere ihr Kind, mit deinem Vertrauen und deiner Begeisterung nähren. Setze dich immer wieder einmal an deinen Seelenort, und stelle dir vor, wie es sich anfühlt, an deinem neuen Arbeitsplatz zu arbeiten. Wie es ist, morgens aufzustehen und dich dort hinzubegeben. Stelle dir bildlich vor, wie du die Arbeit verrichtest und wie du mit deinen Kolleginnen und Kollegen zusammenarbeitest. Fühle die Freude und Zufriedenheit in allen Zellen deines Körpers. Gestatte dir das Gefühl, angekommen zu sein. Lasse dieses Gefühl durch alle deine Zellen fließen und sich ausbreiten. Je mehr du innerlich gestattest, dein Ziel zu erreichen, desto sicherer wirst du dort auch ankommen. Stelle dir immer vor, dein Wunsch ist wie ein Embryo, der sich gerade zur Perfektion entwickelt und dabei gut behütet und genährt wird. Bekommst du neue Impulse, die deinen Wunsch nähren könnten, füge diese gern in deine INGWAZ-Collage ein. Dein Projekt wächst und darf zwischenzeitlich ergänzt werden.

Sobald du deinen Wunsch erfüllt und deine neue Arbeitsstelle angetreten hast, setze dich ein letztes Mal an deinen Altar der INGWAZ-Rune. Bedanke dich für die Unterstützung, und entferne die Zettel. Verbrenne anschließend alle Notizen, und räuchere den Karton mit der INGWAZ-Rune gründlich mit reinigenden Harzen und Kräutern, z. B. mit Weihrauch, Salbei oder Beifuß. Die gereinigte INGWAZ-Rune kannst du jederzeit nutzen, wenn du wieder einmal einen Wunschort errichten möchtest.

Mit der Unterstützung der INGWAZ-Rune kannst du viele neue Projekte aktivieren und unter die Führung der Runenkraft stellen. Du kannst dir z. B. Ersatz für dein Auto visualisieren oder auch eine neue Wohnsituation. Dies schließt auch den Wunsch nach der Änderung des Beziehungsstatus ein. Notiere dir, was dir für eine erfreuliche Partnerschaft wichtig ist. Formuliere auch dabei positiv, schreibe auf, was du willst. Beachte allerdings die eigenständige Entscheidungsfreiheit anderer Menschen, und lasse offen, wer das passende Puzzleteil in deinem Leben werden wird. Die Geistige Welt und deine Seele wissen, mit wem du dich harmonisch verbinden kannst. Sei offen für die Ideen, die gefördert werden möchten. Gehe neue Wege, und vertraue auf die kosmische Führung!

Prozessaltäre

Altäre eignen sich hervorragend für die Bearbeitung von komplexen Beziehungsproblemen. Ähnlich der Technik des Familienstellens kannst du dir einen Seelenort erschaffen, mit dem du angespannte Situationen klärst. Während der Erstellung machst du offensichtlich, auf welche Weise die Zusammenhänge verwoben sind. Wie zeigt sich die Situation jetzt, und wie wirkt sie sich aus? Was oder wer formt dieses Energiefeld? Bereits in der Vorbereitungsphase beginnt das Netz, sich zu weben, und lässt das Problem klar in Erscheinung treten. Bei dieser Arbeit steht die sanfte Veränderung im Vordergrund. Durch die permanente Anpassung deines Seelenortes in kleinen Schritten wandelt sich das Außen, und damit ändern sich die Einflüsse in deinem Leben.

Zwischenmenschliche Konflikte

Hast du Probleme mit einer Person, einer Personengruppe oder einer Situation und hast keine Idee, wie du den Konflikt auflösen kannst? Fühlst du dich ungerecht behandelt, empfindest dich als Spielball der Umstände oder siehst dich gar in die Enge getrieben? Die hier beschriebene Vorgehensweise erschafft auf eine magische Weise einen Platz der Lösung und Heilung. Forme einen Platz, auf dem sich mit deiner Unterstützung die Situation aus sich selbst heraus klärt, und lasse diesen für dich wirken. Auch wenn du nicht die Zusammenhänge und möglicherweise nicht einmal die Ursachen kennst, wird sich in dir eine Klarheit entwickeln, durch die du Hilfe erhalten und die erforderliche Veränderung erreichen kannst.
Alles braucht seine Zeit. Für die Auflösung der zwischenmenschlichen Probleme müssen sich die Verstrickungen lösen, und das erfolgt Stück für Stück, Schritt für Schritt. Du änderst die Fakten auf deinem Altar, und durch diese Bewegung verändert sich das Energiefeld, wodurch sich wiederum die Bedingungen auf der materiellen Ebene wandeln werden. Du änderst deine Position, deine Ansichten und vor allem deine Gefühle zu der Situation, und schon beginnt die Wandlung. Daher ist eine geschützte Umgebung, in der sich alles in Ruhe entwickeln kann, so wichtig.

Beachte aber bitte: Mit dieser Arbeit veränderst du deine Einstellung zu einer Situation. Losgelöst von den Reaktionen und möglichen Veränderungen der weiteren Beteiligten, hast du keine Erlaubnis, manipulativ auf andere einzuwirken. Ziel ist die Auflösung der Anspannung für dich!

Der geeignete Platz

Die Arbeit mit diesem besonderen Seelenort ist sehr intensiv und bewirkt Veränderungen auf verschiedenen Ebenen. Diese greifen auch in die Verbindungen zu den beteiligten Personen ein und beeinflussen deren Lebenssituation. Ihr seid miteinander verbunden, und eine Änderung auf der einen Seite zieht eine auf der anderen Seite nach sich. Aus diesem Grund sollte dieser unterstützende Seelenort ausschließlich von dir berührt und genutzt werden. Schotte ihn von fremdem Zugriff ab. Wähle aber einen Platz, an dem du jederzeit an ihn herankommst und ihn, wenn möglich, sogar immer sehen kannst. Mit jeder Beschäftigung damit, und sei es nur durch einen Blick, verwendest du Energie auf die Situation. Stück für Stück wird sich die Ausgangssituation verändern. Möglicherweise brauchst du für diesen Altar mehr Platz als für andere. Das hängt von den beteiligten Aspekten ab. Es empfiehlt sich, die Auswahl des Standortes erst zu treffen, nachdem die eingesetzten Utensilien geklärt sind und du den Platzbedarf abschätzen kannst.

Utensilien

Die Utensilien für einen Kraftplatz zur Klärung angespannter Verbindungen sind vielfältig und immer wieder anders. Schreibe dir das Thema deines Konfliktes gleich zu Beginn auf einen Zettel. Damit fixierst du die Ausrichtung deiner Arbeit. Für das Sammeln der Utensilien ist eine klare Zweckvorgabe sinnvoll. Nimm dir ein paar Tage Zeit, um die benötigten Gegenstände zusammenzusammeln. Stelle an einer zentralen Stelle einen Korb, Karton oder eine Tasche als Sammelbehälter auf. Denke an dein Thema, und dann gehe mit offenen Augen durch deine Wohnung. Beachte, worauf dein Blick fällt. Fühlst du den Impuls, dann lege einen Gegenstand in deinen Behälter. Suche auch einen Stellvertreter für jede beteiligte Person aus. Sammle Dinge zusammen, ohne zu werten. Was auf sich aufmerksam macht, wird mitgenommen, unwichtig, ob es Sinn ergibt. Beachte allerdings, dass diese Objekte unter Umständen für längere Zeit auf deinem Altar stehen und für ihre ursprünglichen Aufgaben blockiert sind.

Zu irgendeinem Zeitpunkt weißt du, dass du alle stellvertretenden Gegenstände beisammenhast und deine Sammlung nun vollständig ist.

Lege dir schmale Papierstreifen und einen Stift bereit. Du notierst später darauf die Aufgabe jedes Gegenstandes: wofür er steht und welche Energie er repräsentiert.
Solltest du zu diesem Zeitpunkt noch kein Basistuch hinzugelegt haben, gehe noch einmal durch deine Wohnung mit der Bitte, das passende Tuch zu finden, und lasse dich zu dieser besonderen Decke führen.
Lege eine Kerze mit geeignetem Untersetzer bereit. Die Farbe sollte für dich zum Thema passen. Rot bringt wandelnde Dynamik, Grün erschafft heilende Energie, und Blau klärt und reinigt. Sei frei in deiner Wahl. Du hast jetzt eine Übersicht der Utensilien und kannst den geeigneten Platz für deinen Kraftplatz wählen. Für die Aktivierung solltest du Zeit und Ruhe haben. Möglicherweise ist das Einrichten sehr berührend. Dein Thema betrifft ja einen Bereich deines Lebens, der mit Verspannungen und Unruhe besetzt ist.

Aktivierung

Sorge für Ruhe und Zeit für dich, wenn du dich entschließt, diesen Kraftplatz herzurichten. Mit seiner Hilfe werden dir Ursachen für deine Probleme klar, und du wandelst sie nach und nach. Manchmal ist die Arbeit in ein paar Stunden erledigt und sind die Ursachen des Themas aufgelöst, in anderen Fällen braucht es eine Entwicklung von mehreren Wochen, bis sich alle Umstände so weit geklärt haben, dass sich die Situation auflöst. So lange sollte dieser Kraftplatz erhalten bleiben.

Räuchere den Raum und den Platz um dich herum mit reinigenden Kräutern. Lege das Tuch an die vorgesehene Stelle, und lege alle Gegenstände in greifbare Nähe. Reinige nun das Tuch und alle Gegenstände, die du zusammengetragen hast, gründlich mit einer Räucherung. Je freier die Gegenstände von irgendwelchen Schwingungen sind, desto besser können sie dir bei der bevorstehenden Arbeit zur Seite stehen. Räuchere auch deine eigene Aura, und entferne damit alle Belastungen des Tages. Das Räuchern der eigenen Aura zur Reinigung wirkt wie eine Dusche für den Körper. Anschließend sorge für einen Raumduft, der dir für dein Vorhaben Mut gibt. Diesen kannst du durch Räuchern verteilen, ebenso auch durch den Einsatz ätherischer Öle in einer Duftlampe. Es gibt viele Möglichkeiten der Raumbeduftung. Da diese Arbeit sehr tief auf deine Gefühlswelt einwirken kann, fördert eine gute Raumatmosphäre dein Vertrauen und die Leichtigkeit in der Entwicklung. Lasse dich bei der Auswahl des Duftes von deiner Erfahrung und deinen Vorlieben lenken.

Stelle die Kerze an eine für dich passende Stelle, und entzünde sie. Rufe deine Helfer aus den Geistigen Reichen hinzu. Angeregt von dem Licht der Kerze, beginnt dein eigenes Energiefeld, in dir und um dich herum zu strahlen. Bitte dein geistiges Helferteam um Führung. Jetzt geht es um deine Intuition. In den nächsten Schritten handelst du ohne Kontrolle durch deine Gedanken. Fühle, was richtig ist.

Nimm den Zettel des Themas, mit dem du dich nun beschäftigen wirst. Lies dir zu Beginn laut vor, was du bearbeiten willst. Wenn du noch etwas an der Formulierung ändern möchtest, kannst du dies jetzt tun. Danach ist das Thema festgelegt und nicht mehr änderbar. Lege anschließend den Zettel mitten auf das Tuch. Dies ist das zentrale Thema, das den Dreh- und Angelpunkt bildet. Dieser Zettel hilft dir, den Fokus zu halten. Alle Gegenstände, die du gesammelt hast, dienen als Stellvertreter für einen Aspekt der Situation. Wer ist beteiligt, welche Stimmung herrscht, was kann helfen, was stört? Alle Aspekte werden betrachtet und in Beziehung gesetzt.

Beginne, das Energiefeld zu legen. Gib intuitiv, ohne über Sinn und möglichen Wahrheitsgehalt nachzudenken, je einen Gegenstand für die aufgeführten Anteile auf das Tuch. Lasse dich unbewusst führen. Wo will dieser Gegenstand platziert werden?

Um die Übersicht zu behalten, lege kleine Notizzettel zu den Stellvertretern, auf denen du vermerkst, was sie repräsentieren. Lege jetzt Gegenstände mit Notiz an eine Stelle auf

deinem Tuch in folgender Reihenfolge:

- für das Problem
- für dich selbst
- für jede weitere beteiligte Person
- für das, was dich verletzen könnte
- für das, was dich unterstützen könnte
- für das, was dir in dieser Situation fehlt
- für das, was dich stört
- für das, was dir gefällt
- für das Gefühl, das du gern hättest, wenn sich diese Anspannung aufgelöst hat

Lasse die Kontrolle los. Lies Punkt für Punkt, und greife jeweils ziellos nach einem der Gegenstände. Halte ihn an dein Herzchakra, bitte ihn darum, dass er dich in seiner Rolle, für die er gesetzt wird, unterstützt, und lege ihn an den Platz, an den er gelegt werden will, ohne dies durch deine Absicht zu beeinflussen. Füge den kleinen Notizzettel mit der Aufgabe hinzu. Lege ohne Pause, bis du alle Positionen vergeben hast. Du verhinderst dadurch, dass dein Verstand kontrollierend eingreift. Schließe jetzt deine Augen, setze dich aufrecht hin, und atme mehrmals entspannt ein und aus. Öffne deine Augen, und betrachte dein Werk. Dein heilender Seelenplatz ist angelegt.

Betrachte das vor dir liegende Feld, und spüre in dich hinein. Welche Wirkung hat die Art und Weise auf dich, wie die Gegenstände zueinander gelegt sind? Mache dir Notizen über deine Gefühle, deine Stimmung und deine Gedanken.

Umgang

Damit der angespannte Kontakt heilen kann, müssen sich die Bedingungen verändern. Nimm dir nun mindestens einmal wöchentlich Zeit, dich mit diesem Heilplatz zu beschäftigen, gern auch häufiger. Zwischen den einzelnen Sitzungen sollten allerdings immer mindestens 10 Minuten Zeit verstreichen, damit sich die Veränderungen entwickeln und setzen können.
Reinige zu Beginn dein eigenes Energiefeld. Neben der Möglichkeit des Räucherns kannst du dein eigenes Energiefeld auch ganz leicht reinigen, indem du dich an die kosmische Energie anbindest und von ihr durchspülen lässt. Verbinde über die Flamme der Altarkerze dein inneres Licht mit deiner geistigen Führung aus den kosmischen Reichen.

Sitze für eine Weile vor deinem Seelenaltar. Fühle in dich hinein, und erfasse, in welchem Zustand du dich befindest. Dieser Platz stellt den Zustand dar, in dem sich deine angespannte Situation jetzt gerade befindet. Lasse diese Konstellation auf dich wirken. Stimmen die Positionen oder Abstände der einzelnen Platzhalter zueinander noch? Was bewirkt dieses Abbild in deinem Innern? Möchtest du Positionen verändern? Gestatte es dir! Durch das Verändern der Beziehung der Stellvertreter zueinander veränderst du auch die Beziehung der Menschen und Dinge, für die sie stehen, zueinander. Brauchen sie mehr Raum? Dann schaffe diesen Raum, indem du die Objekte verschiebst. Fühlst du, dass sie die Seiten wechseln wollen, dann folge diesem Gefühl. Möchtest du erfahren, wie es wäre, wenn du und eine andere Person euch annähert? Dann bewege eure beiden Stellvertreter aufeinander zu. Wie fühlt sich das an? Ist der Abstand nun zu gering oder für dein momentanes Gefühl gerade richtig? Spiele, verändere, prüfe. Lasse zwischen jeder Umordnung ein paar Minuten Pause, damit sich dein Körper und dein Sein anpassen können. Atme in der Zwischenzeit tief in dich herein und wieder hinaus. Nimm wahr, ob sich in dir etwas wandelt und, wenn ja, was. Vielleicht möchtest du während des Nachspürens deine Augen schließen, um mit

deiner Wahrnehmung ganz bei dir zu sein. Die Veränderungen des Altarfeldes verändern auch deine Schwingung. Lasse es zu, und fühle, wie es dir damit geht. Fühlst du dich unwohl, so ändere die Aufstellung weiter, bis du eine Konstellation gefunden hast, die für den Moment richtig erscheint. Nimm deine Gedanken und Gefühle wahr. Alles ist ein Zeichen der Entwicklung.
Mit jeder Verschiebung verändert sich auch dein Standpunkt in Beziehung zu den weiteren Stellvertretern, sprich, die Einflüsse und das Geflecht der ganzen Situation wandeln sich schrittweise. Je weiter dein Stellvertreter und die Repräsentanten der anderen Beteiligten voneinander entfernt stehen, desto weniger kannst du sie spüren. Je enger ihr zueinander steht, desto deutlicher ist der Einfluss. Nicht nur du nimmst diese Veränderung wahr, sie kommt auch bei den anderen Beteiligten an – auch wenn sie die Ursache für dieses neue Gefühl vielleicht nicht zuordnen können.

Nimm in Ruhe die Stimmung nach erfolgten Veränderungen in dich auf. Wie fühlt es sich für dich an? Das ist keine Frage des Denkens. Bei dieser Arbeit bringt dir das Wahrnehmen der Entwicklung und des neuen Zustandes die Erkenntnis. Mit jeder Sitzung bringst du Energie in die zu klärende Situation, rufst die universellen Kräfte der Liebe und des Verständnisses zu dir und erfährst die Veränderung in der betroffenen Situation.

Hast du den Eindruck, dass du auf der Stelle trittst und sich nichts entwickelt? Das kann jederzeit eintreten. Bist du möglicherweise zu schnell in deinem Vorgehen? Bedenke: Selbst wenn du für den nächsten Schritt bereit bist, braucht es noch eine gewisse Zeit, bis das Außen nachgezogen hat. Lasse ein paar Tage vergehen, damit die Entwicklung aller Beteiligten auf allen Ebenen voranschreiten kann und ihr euch wieder auf einem gemeinsamen Level bewegt. Alle müssen bereit sein, die Veränderungen zuzulassen, selbst wenn die anderen

Beteiligten gar nichts von deiner Arbeit wissen. Es geht weniger um deren Situation und Beteiligung als darum, dass du deine Gefühle und Antriebe änderst. Du erfährst die Heilung. Die weiteren Beteiligten sind frei in ihrer Einstellung.

Setze dich während des Prozesses weiterhin regelmäßig an deinen Seelenplatz, und betrachte in Ruhe das ausgelegte Feld. Folge einem möglichen Impuls, die Gegenstände anders anzuordnen. Es gibt Tage des nahen Beisammenstehens, an anderen Tagen braucht ihr viel Raum für die persönliche Verarbeitung. Und an wieder anderen Tagen merkst du, dass gerade keine Veränderung nötig ist.

In dir wird sich durch diese Arbeit mit den Bedingungen der angespannten Situation Klarheit hinsichtlich der Ursache und Wirkung entwickeln. Du wirst loslassen können und heilen.

Hast du den Eindruck, dass für dich die Situation geklärt und entspannt ist, setze dich noch ein letztes Mal an deinen Seelenplatz. Betrachte das Endergebnis, und spüre in dich hinein. Ist für dich alles gelöst? Dann nimm langsam, nacheinander, die stellvertretenden Gegenstände aus

dem Feld heraus. Bedanke dich für ihre Begleitung und Bereitschaft, dir zu helfen. Verbrenne die Beschriftungen der Stellvertreter, und trenne damit die Verbindung. Reinige die Gegenstände mit dem Rauch reinigender Kräuter, und gib jedem Gegenstand bewusst seine ursprüngliche Bedeutung zurück.

Diese Arbeitsweise kannst du auf andere Situationen übertragen, die sich disharmonisch anfühlen. Schreibe auch hier die Aufgabe auf einen Zettel, den du in die Mitte legst. Stelle einen Stellvertreter für das Problem auf diesen Zettel. Erschaffe mit Stellvertretern eine Konstellation, die alle Einflüsse für das Problem offen darstellt. Während der Sitzungen kannst du unterstützende Aspekte hinzufügen, die du durch weitere Stellvertreter darstellst. Hast du z. B. dauernd Schmerzen, stelle etwas in die Mitte, was die Schmerzen beschreibt. Positioniere helfende Mittel und Ideen darum herum. Betrachte sie immer wieder, füge Helfer hinzu, oder nimm welche fort, bis sich dein Problem zu lösen beginnt.
Die Einsatzmöglichkeiten sind vielfältig. Sei mutig, und experimentiere, wie du dich unterstützen lassen kannst.

Selbstheilungskräfte stimulieren

Im Laufe unseres Lebens erleben wir immer wieder Zeiten, in denen wir mutlos sind, weil wir krank sind. Manches Mal verzweifeln wir fast in solch einem Moment, alles fühlt sich schwer an. Wir fühlen uns durch die Symptome nur noch genervt. Dann unterschätzen wir unsere Vorstellungskraft. Auch hier gilt: Energie folgt der Aufmerksamkeit, Materie folgt dem Geist. Mit der Unterstützung dieses unscheinbaren Kraftplatzes stimulierst du deine mentalen Kräfte und ebnest deinen Heilungsweg. Mantraartig gesprochene Affirmationen stoßen den Prozess an. Dieser die Heilung anregende Kraftplatz vollbringt keine Wunderheilung. Er gibt dir deinen Glauben an deine natürlichen Kräfte zurück und ermöglicht dadurch den Weg der Gesundung.

Der geeignete Platz

Für diesen Kraftplatz benötigst du meist wenig Platz. Eine kleine Ecke auf der Fensterbank, im Schlafzimmer oder auf dem Sideboard im Wohnzimmer reicht aus. Dieser Altar ist sehr persönlich, doch aufgrund seiner Ausstattung fällt er Gästen und Uneingeweihten meist nicht auf und regt kaum zum Berühren an. Aus diesem Grund braucht er nicht besonders abgeschottet zu werden. Sein Ziel liegt darin, dich immer wieder neu zu motivieren und deine Gedankenkraft zu bündeln.

Utensilien

Du benötigst Fotos deines Krankheitssymptoms (Röntgenbilder, Blutwertausdrucke, Vorher-nachher-Fotos). Hast du z. B. eine Erkältung, benötigst du ein Foto von dir, auf dem die Symptome deutlich zu erkennen sind, und eines, auf dem du gesund in die Kamera strahlst. Hast du dir einen Knochen gebrochen, nimm die Röntgenaufnahme und ein Foto oder eine Zeichnung eines entsprechenden gesunden Körperteils. Hast du eine Wucherung in deinem Körper, so besorge dir aktuelle Aufnahmen davon und eine medizinische Abbildung eines gesunden Organs.

Bei psychischen Symptomen suche Aufnahmen, auf denen du diesen Zustand ausstrahlst, und aus einer Zeit, in der du davon noch unbelastet warst. Wichtig ist, dass du immer ein Paar aus dem Istzustand und dem Zielzustand hast. Ehrlicherweise wirst du mit dieser Arbeit keine amputierten Gliedmaßen oder entfernten Organe nachwachsen lassen können. Doch du kannst das Energiefeld der betroffenen Stelle heilen und dadurch deine Lebensqualität steigern.

Für deinen Altar eignet sich ein grünes Tuch, das groß genug ist, um deine Aufnahmen und Abbildungen daraufzustellen oder zu legen. Dieser Platz darf Lebensfreude ausstrahlen. Nutze also Gegenstände, bei deren Anblick du in eine angenehme Stimmung kommst.

Stelle eine Schale mit Wasser hinzu. Es sollte ein Gefäß sein, an dessen Anblick du dich erfreust. Achte darauf, dass das Wasser immer frisch ist.

Besorge dir eine grüne Kerze, möglichst ein Windlicht, damit du sie lange Zeit brennen lassen

kannst. Vielleicht möchtest du auch Blumen dazustellen. Es reichen ein paar kleine Blüten als Zeichen des Lebens und Wachstums.
Du brauchst ebenfalls ein aktuelleres Foto von dir, auf dem du dir gefällst, weil es Lebensfreude ausstrahlt.
Wenn du eine hast, hilft eine Bergkristallspitze bei der Energieverstärkung. Dein Altar wirkt aber auch ohne sie.
Lege einen Zettel in der Größe von 10 x 10 cm und einen Stift bereit.

Aktivierung

Suche dir einen geeigneten Platz für deinen Altar. Am kraftvollsten wirkt ein Platz, den du während der Zeit der Gesundung leicht betrachten kannst. Lege das Tuch dorthin. Füge deine Krankenunterlagen oder -fotos hinzu. Dabei liegen die Belege deiner Krankheit links, rechts die Belege des gesunden Zustandes. Stelle die Kerze und die Blumen ebenfalls auf das Tuch. Gern kannst du die Bergkristallspitze auf die Unterlagen zum Zielzustand legen. Ihre Spitze sollte nach rechts zeigen. Symbolisch wird stärkende, aufbauende oder anwachsende Kraft immer von links nach rechts weisend dargestellt. So ausgerichtet, stärkt die Bergkristallspitze automatisch die vorhandene Kraft – in diesem Fall die heilende Wirkung.
Räuchere abschließend alles mit reinigenden Kräutern, Hölzern und Harzen.
Nimm jetzt den Zettel zur Hand, und schreibe darauf folgende Affirmation:

»Meine Heilung schreitet voran.
Mein Körper, mein Geist und meine Seele wirken Hand in Hand zu meinem Wohl.
Ich bin auf dem richtigen Weg.«

Lege diesen Zettel zwischen die Belege deiner Zustände. Dein Altar ist hergerichtet, seine Arbeit kann beginnen.

Umgang

Arbeite täglich, ruhig auch mehrmals, mit deinem Altar, um deine Selbstheilungskräfte zu stimulieren.

Entzünde die Kerze. Kontrolliere die Blumen, und tausche sie aus, falls sie verwelkt sind. Reinige dich zu Beginn jeder Sitzung von allen Eindrücken des bisherigen Tages und deiner Situation mit Räucherwerk, Spray oder durch die Durchflutung mit kosmischem Licht.

Setze dich zu deinem Ort der Heilkraft. Komme zur Ruhe durch ruhiges Atmen, entspanne dich, und mache dir klar, wie es dir gerade jetzt geht. Betrachte die Erfolge, die du bereits erreicht hast.

Lies deine Affirmation auf dem Zettel dreimal laut vor. Es ist wichtig, dass du selbst deine Stimme als Motivator hörst. Atme nach jedem Mal tief ein und aus. Lasse deine Stimme in dir nachklingen.

Nun schließe deine Augen, und rufe deine geistigen Helfer herbei. Bitte sie, dich bei deinem Heilwerden zu unterstützen. Lasse vor deinem inneren Auge den Ort deiner Krankheit auftauchen, und stelle dir vor, wie an dieser Stelle gerade gearbeitet wird und dass sie auf einem guten Weg ist, wieder heil zu werden. Atme dabei ganz ruhig die kosmische Heilfrequenz, die deine persönliche Heilungskraft stärkt, ein und wieder aus. Spüre, wie diese besondere Kraft in alle deine Zellen fließt und diese animiert, in den natürlichen Ursprungszustand zurückzukehren. Solltest du von einer länger andauernden Krankheit betroffen sein, bitte darum, dir zu zeigen, worin die Ursache und die mögliche Heilentwicklung liegen.

Lasse währenddessen gold-grünes Licht der Heilung durch alle deine Zellen fließen. Bitte darum, dass deine Heilkräfte auch aktiv sind, wenn du nicht an deinem Altar sitzt. Deine Selbstheilungskräfte stärken sich, und deine Zellen werden angeregt, den gesunden Bauplan deiner Körperzellen wiederherzustellen.

Besuche deinen heilenden Ort so lange, wie du es als richtig empfindest. Hast du dein Ziel erreicht, löse diesen Platz wieder auf. Deine Unterlagen sind jetzt nur noch Belege einer vergangenen Erfahrung. Kraft deines Heilbewusstseins hast du deine Situation geändert.

Abschied und Neubeginn

Abschied nehmen und Neues begrüßen liegen nah beieinander. Wenn du für immer dein Zuhause oder deine Arbeitsstätte verlässt, eine Beziehung endet, du durch den Tod von einer dir nahestehenden Person getrennt wirst, sich etwas Gewohntes in deinem Leben ändert, dann nimmst du Abschied. Wenn du eine neue Beziehung eingehst, ein Kind in diese Welt geboren wird, du ein neues Zuhause errichtest, geht auch etwas und macht gleichzeitig Platz für etwas Neues. In all diesen und weiteren Situationen ist es sinnvoll, den Übergang bewusst als etwas Besonderes zu begehen. Das Alte löst sich auf, und in dem leeren Raum entsteht etwas Neues. In all der Trauer und Wehmut schwingt die Unterstützung und Begleitung durch die geistigen Helfer aus den Anderswelten mit. Unsere höchste Führung hat mit uns unseren Lebensplan ausgearbeitet und lenkt und leitet uns nun auf diesem Weg. Finde dein Vertrauen darin, dass alles, was geschieht, deinem Seelenplan entspricht und du gut geleitet wirst.

Sterbebegleitung/Abschied nehmen

Wenn ein Mensch geht, der eine Zeit lang an unserer Seite gewandelt ist, hinterlässt das immer eine Lücke. Ob wir diesen Menschen mochten oder nicht, ob wir intensiv um die Person trauern oder »nur« miteinander bekannt waren: Wir müssen anerkennen, dass es einen leeren Platz gibt. Jeder Mensch hat seine eigene Art der Trauer, und das ist auch gut so.

Trauer ist ein ganz persönliches und intimes, sprich schützenswertes Gefühl. Es steht gleichwertig in einer Reihe mit Freude, Begeisterung und Schmerz. Bei der Annahme und Verarbeitung dieser besonderen Situation kannst du dich von einem passenden Altar unterstützen lassen. Bei jedem Betrachten verändert sich deine Einstellung, und Heilung beginnt. Wie lange dieser Altar existiert und wie umfangreich er bestückt ist, bestimmst du selbst; der Verbindung zu dieser Person und deiner Trauer angemessen. Sicherlich wirst du mit einem geliebten Partner, Tier, nahen Verwandten oder engen Freund länger und intensiver verbunden sein als mit einem Arbeitskollegen, Nachbarn oder Lehrer. Alles ist jedoch relativ, und niemand außer dir selbst hat ein Recht, Regeln festzulegen.

Der geeignete Platz

Dieser Altar soll dich durch den Prozess des Abschiednehmens begleiten. Je häufiger dein Blick darauffällt, desto klarer wird seine Botschaft für dich. Du wirst deine Gefühle und Emotionen spüren und dich von ihnen durch den Abschied tragen lassen. Es ist ganz natürlich, wenn du beim Betrachten jedes Mal deine Tränen spürst, auch die nicht geweinten. Ein derart errichteter Seelenplatz berührt dich ganz tief. Leider werden Trauer und Hilflosigkeit häufig versteckt. Doch sie dürfen und möchten gesehen und gelebt werden, also errichte deinen Seelenplatz an einem Ort, an dem du täglich bist. Dies kann auch draußen in der Natur sein, möglicherweise an einem Platz, der für dich und den verstorbenen Menschen eine besondere Bedeutung hatte.

Utensilien

Du brauchst auf jeden Fall:

- ein weißes Tuch als Basis
- einen Stellvertreter für dich
- einen Stellvertreter für deine Trauer
- einen Stellvertreter für die Person oder das Tier, die oder das gegangen ist
- ein schönes Erinnerungsfoto
- verschiedene Stellvertreter für alles, was euch verbunden hat
- bei einem Sterbefall die Trauerbenachrichtigung, falls du eine besitzt
- eine Schale mit Salzwasser, ca. 20 cm im Durchmesser
- wenn du einen hast, einen Amethyst-Trommelstein (dieser wird später der Erde übergeben)

Aktivierung

Räuchere den Platz, der dir für die nächste Zeit als Heilungsort für deine Seele dienen soll, und auch deine eigene Aura.
Rufe nun deine eigenen Begleiter aus den Geistigen Reichen an deine Seite, und bitte sie um Schutz und Kraft. Breite dein Tuch aus, und lege alle mitgebrachten Gegenstände darauf. Lasse dich von deinem Inneren führen. Du baust jetzt das Energiefeld deiner Heilung. Stelle die Schale mit Wasser mittig auf den Altar, sodass sie als zentrale Heilquelle dient. Lege den Amethyst-Trommel-

stein in das Salzwasser. Auf dem Tuch kannst du alles platzieren, was dich an die Gemeinschaft mit dem oder der Verstorbenen erinnert. Fallen dir Wünsche ein, die du ihm oder ihr mitgeben möchtest, oder muss noch etwas ausgesprochen werden, so notiere es auf einem Zettel und lege ihn dazu. Auch wenn diese Dinge dir erst ein paar Tage später bewusst werden, füge sie noch hinzu. Sei frei, das gehört zu dem Trauerprozess, der dir dient.

Umgang

Während der Trauerphase muss das Wasser immer sauber gehalten werden. Am besten wechselst du es täglich. Hattet ihr besondere Rituale miteinander wie die Tasse Kaffee/Tee zusammen zum Feierabend oder der gemeinsame Abendspaziergang, so erlaube dir, diese in den ersten vier Wochen weiter durchzuführen. Lasse aber auch zu, dass sich die Rituale langsam auflösen. Wenn du sie nach und nach öfter »vergisst«, sieh dies als Zeichen der Heilung und des immer weitgehender vollzogenen Abschieds. Jedes Mal, wenn du an deinem Abschiedsaltar vorbeikommst und Schmerz oder Trauer spürst oder sogar Tränen aufstei-

gen, dann nimm diese Gefühle mit der physischen Hand aus deiner Aura und gib sie in die Wasserschale. Das Salz fördert die Aufnahme, der Amethyst transformiert den Schmerz und reinigt das Wasser energetisch. Auf diese Weise kannst du das Wasser der Erde zurückgeben, ohne deine schmerzhaften Erfahrungen ebenfalls der Erde zu überreichen. Schmerz und Trauer wandeln sich in Gelassenheit und Leichtigkeit.

Für die Arbeit mit diesem Heilungsaltar gibt es keine Zeitempfehlungen. Lasse dich auf gar keinen Fall von gut gemeinten Ratschlägen Außenstehender beeinflussen. Jeder Mensch hat seine eigene Art, mit Verlust, Abschied und Trauer umzugehen, und man lernt nur aus Erfahrungen. Du übernimmst die Verantwortung und entscheidest für dich selbst. Du solltest allerdings immer wieder überprüfen, ob die Trauerphase wirklich noch aktiv gehalten werden muss. Bei Sterbefällen darf der Verstorbene nach einer gewissen Zeit seinen Platz auf dem Ahnenaltar erhalten, wenn du es wünschst. Gestatte dir, dass sich deine Gefühle verändern und heilen und du den Altar dann wieder auflöst. Räuchere alle Gegenstände, die auf dem Altar waren, gründlich. Füge Fotos und persönliche Erinnerungen deinem Ahnenaltar hinzu, oder gib ihnen einen anderen Platz. Freue dich auf das neue Leben, auch wenn es noch etwas ungewohnt wirkt. Vertraue darauf, dass deine Seele weiß, was für dich gut ist, und danach strebt, dies auch zu erreichen.

Diese Art des Abschiednehmens kannst du auch übertragen auf folgende Themen:

- Loslassen eines Wohnraums
  Stelle als Stellvertreter geliebte Erinnerungen auf dein Tuch. Wähle auch für dich einen Stellvertreter. Alles, was du mitnimmst, wandert nach und nach in die Nähe deines Stellvertreters, alles, wovon du Abschied nimmst, wandert an den Rand oder wird ganz vom Tuch entfernt. Auf diese Weise ziehst du deine persönliche Energie zu dir zurück und gibst das Haus oder die Wohnung frei.

- Beenden einer Beziehung
  Stelle für jede beteiligte Person und für alles, was dir am Herzen liegt bzw. lag oder zur intensiven Gewohnheit wurde, je einen Stellvertreter auf das Tuch. Rücke alles, was geht, immer weiter von dir fort, und nimm es, sobald dir das emotional möglich ist, sogar ganz vom Tuch herunter. Stelle, wenn du spürst, dass der Zeitpunkt gekommen ist, Stellvertreter für das, was nun neu in dein Leben tritt, an deine Seite, und nimm wahr, wie sich dein Leben neu webt. Du merkst selbst, wenn ausreichend Heilung erfolgt ist. Löse dann diesen Heilplatz für deine Seele wieder auf, und führe ein »Ich bin frei«-Ritual durch. Reinige dabei dein gesamtes Energiefeld, indem du deine Aura von kristallreinem Licht durchspülen lässt. In alle Stellen, die dunkle Erinnerungen oder Verletzungen gespeichert haben, fließt dieses Licht und wandelt die Schwere in Freude, Liebesfähigkeit, Leichtigkeit und alles, was du dir wünschst. Sprich dabei immer wieder: »Ich bin frei und offen für den Segen meines Lebens.«
- Verlassen einer Arbeitsstelle
  Manchmal fällt es schwer, eine gewohnte Arbeitsstelle aufzugeben. Die Umstände machen dies nötig, und das Herz trauert. Auch in diesem Fall stellst du für alle und alles Beteiligte je einen Stellvertreter auf dein Tuch. Jedes Mal, wenn du fühlst, dass du bereit bist, entferne einen der Gegenstände. Zum Abschluss stehst nur noch du auf dem Tuch. Nun stelle einen Stellvertreter für die neu gewonnene Freiheit hinzu. Lasse den Altar noch ein paar Tage so stehen, und löse ihn dann auf.

Geburt – Vorbereitung und Ankunft

Eine bevorstehende Geburt eröffnet neue Lebensabschnitte, und das darf gefeiert werden. Die Lebensfäden der Familie weben sich neu zusammen mit denen des Ungeborenen, ganz sanft und gleichzeitig kraftvoll. Im Grunde ändert sich alles, das Kind fügt sich auf einem neuen Platz in das bestehende Netz ein, über das alle Wesen miteinander verbunden sind.

Die Zeit des Wartens auf die Geburt eines neuen Familienmitglieds bringt Anspannungen und Vorfreude mit sich. So viel Neues will erlebt werden. So viele Gedanken steigen auf und müssen geprüft werden. In all dem, was entstehen möchte, wirkt die Freude des Neubeginns. Gerade die Seelen von ungeborenen Kindern sind glücklich, wenn sie während der Vorgeburtsphase gerufen werden. Ein Altar wirkt auf sie wie der Leitstrahl eines Leuchtturms, er hält das Licht aufrecht und weist ihnen den Weg.

Der geeignete Platz

Der geeignete Platz ist das Kinderzimmer bzw. der Ort, an dem das Neugeborene sich die erste Zeit über am meisten aufhalten wird. Weitere kleine Kinder sollten keinen Zugriff auf den Altar des Neugeborenen haben, da darauf eine Kerze brennt. Gern jedoch dürfen Geschwister, zusammen mit den Eltern, an der Entwicklung dieses Seelenortes teilhaben. Auf diese Weise wird der Neuankömmling energetisch bereits von der ganzen Familie aufgenommen.

Utensilien

Dieser Altar darf bunt und lebendig sein. Selbstverständlich kann jeder Altar bunt und lebendig sein, aber ein Seelenort für eine neu auf diese Welt kommende Seele muss im Grunde vor Lebenskraft sprühen. Ein kleines Wunder hat Form angenommen und kommt nun in dieser Welt an.

Für diesen Altar darf das Tuch leicht und farbenfroh sein. Das vielleicht wichtigste Utensil ist eine dicke und große Stumpenkerze. Aus Sicherheitsgründen eignet sich vor allem ein Windlicht. Fülle unten ca. 5 cm Sandkastensand hinein, um das Glas vor der Hitze der Kerze zu schützen, wenn diese fast abgebrannt ist. Wähle die Farbe der Kerze aus dem Herzen heraus. Ihr Licht wird die kleine Seele leiten und anziehen. Du benötigst eine dicke Nadel mit scharfer Spitze oder einen sehr spitzen Stift. Wenn du möchtest, kannst du die Kerze stattdessen mit Stiften mit Flüssigwachs, Wachsornamenten und Zierstreifen aus Wachs verzieren. Aus Wachsplatten kannst du auch eigene Motive ausschneiden (alles in der Bastelabteilung zu erhalten).
Male ein schönes Kärtchen mit dem Namen des erwarteten Kindes. Zeichne Ranken darum, lasse ein wunderschönes Bild entstehen. Vielleicht möchten auch die Geschwisterkinder dabei helfen.
Ultraschallaufnahmen, Fotos, Zeichnungen, die von den Geschwistern gemalt wurden, Schmusepuppen, Collagen mit guten Wünschen usw. finden ihren Platz auf dem Babyaltar. Wenn du bereits welche hast, kannst du auch die erste Babykleidung

hinzulegen. Sie lädt sich auf und wird das Baby in den ersten Tagen gut schützen und beruhigen. Die erste Spieluhr, falls du eine besitzt, darf auch auf dem Altar warten.

Aktivierung

Bei diesem Aufbau ist es sehr kräftigend, deine Liebe und Fröhlichkeit einzubringen. Alle Familienangehörigen, auch Omas und Opas, Tanten und Onkel, dürfen sich bei der Aktivierung des Altars unterstützend und stärkend einbringen. Reinige zuvor den Bereich auf energetische Weise. Reinige auch die zu nutzenden Gegenstände.

Zu Beginn muss natürlich das Tuch ausgelegt werden.
Ritze in die Kerze den Namen des Babys ein. Beginne am Fuß der Kerze, und schreibe in Richtung Spitze. Streiche dreimal mit dem Finger von unten nach oben über den Namen, und sprich ihn dabei laut aus. Stelle die Kerze in dem Glasgefäß in die Mitte des Altars. Alternativ kannst du den Namen auch mit einem Flüssigwachsstift auf die Kerze schreiben, lasse die Schrift aber trocknen, bevor du darüberstreichst. Dies dauert mehrere Stunden.
Legt nun alle Gegenstände auf den Altar, und bringt so die Energie des erwarteten Babys in eure Mitte. Das Kärtchen mit dem Namen sollte noch am Rand liegen, solange das Baby noch nicht geboren ist. Wähle den Abstand zur Kerze in der Mitte so weit, wie der Geburtstermin noch entfernt ist.
Betrachtet euer Werk. Ist noch irgendetwas unstimmig, dann ändert es. Es dürfen auch Gegenstände wieder entfernt werden, wenn sie sich unharmonisch anfühlen. Ebenso dürfen auch in den nächsten Tagen noch Gegenstände hinzugefügt werden. Je näher der Entbindungstermin kommt, desto mehr steigen die Nervosität und die Anspannung. Eine Meditation an diesem heiligen Seelenort stärkt die Verbindung zu dem Baby und lässt dich fühlen, ob alles gut verlaufen wird. Das Baby hat sich vor Monaten auf den Weg auf diese Erde gemacht. Es hofft darauf,

dass es erwartet wird und willkommen ist. Durch diesen stärkenden Altar bekommst du die Gelassenheit und das Vertrauen, die ihm das signalisieren.
Entzündet nun die Kerze. Schaut in die Flamme, und nehmt wahr, wie sich die verbindende Kraft aufbaut. Diese Kerze nimmt die Schwingungen auf und schickt die Liebe und den Ruf zum Baby. Je liebevoller ihr an es denkt, desto mutiger und freudvoller wird es der Geburt zustimmen. Gern dürft ihr die Spieluhr anmachen, dem Baby ein Lied singen oder darüber sprechen, wie ihr euch das Leben mit dem neuen Familienmitglied vorstellt.

Umgang

Dieser Altar benötigt Lebendigkeit. Er muss täglich leuchten und vor Lebenskraft sprühen. Auch darf er sich immer wieder verändern, denn das Baby verändert sich ja auch noch täglich.
Rücke das Namenskärtchen täglich etwas näher an die Kerze. So machst du dir klar, wie lange es noch dauert und wie schnell der Termin näher kommt. Setzt euch täglich an diesen Altar, und spürt seine Energie. Sendet aus euren Herzen die Schwingungen der Liebe zu dem neuen Erdenbürger. Singt oder summt für den Erdenneuling. Deine Stimme ist eines der vertrauten Geräusche, die er von Anfang an im Mutterleib gehört hat. Immer wenn er sie hört, fühlt er sich wohl.
Die brennende Kerze mit dem Namen leitet das Kind sicher auf den richtigen Leitstrahl, der es direkt ins Zuhause seines Seins führen wird. Wenn es möglich ist, sollte diese Namenskerze auch während der Geburt brennen. Wenn nicht, visualisiere während der Entbindung den Lichtstrahl, und lasse zu, dass sich das Baby während der Geburt daran entlanghangeln kann. Nach der Geburt und mit zunehmendem Alter kann für den Neuankömmling ein Platz auf dem Hausaltar eingerichtet werden. Dann kannst du diesen Altar auflösen und die Gegenstände wieder freigeben. Sollte die Kerze abgebrannt sein, so fertige eine neue Kerze wie oben beschrieben an.

Übergang zur weisen Alten

Irgendwann kommt für jede Frau der Moment, in dem sie das Ende ihrer fruchtbaren Zeit anerkennen muss. Dieser Moment bringt intensive körperliche Veränderungen mit sich, die sich häufig auch auf der psychischen Ebene auswirken. Ein völlig neuer Lebensabschnitt beginnt, Werte und Prioritäten verschieben sich. Du gehörst nicht mehr zu der Gruppe der fruchtbaren Frauen und deren energetischem Feld, das du über viele Jahre kanntest und in dem du sicher wandeln und handeln konntest. Jetzt schließt sich diese Tür, und eine neue öffnet sich. Bei jeder Frau können die Symptome einen unterschiedlich starken Einfluss haben, und jede Frau nimmt diesen Wechsel in ihrem Leben auf ihre eigene Art an. Für alle jedoch ist es ein einschneidendes Ereignis, diesen Weg einzuschlagen. Er verläuft umso leichter, je bewusster und zustimmender du ihn gehst. Ein Altar kann eine große Unterstützung sein, den Übergang mit offenem Herzen und voller Freude zu erleben. Sowohl der offensichtliche Wandel als auch diffus im Inneren Ablaufendes können auf diese Weise begreifbar gemacht und aktiv begleitet werden.

Bleiben die Routinen im Alltag und die Berufstätigkeit gleich, ist es nicht immer leicht, sich bewusst zu machen, dass sich etwas in einem tiefgreifend verändert. Warst du früher spontan, aktiv und in der Lage, aus dem Stand heraus Projekte zu initiieren, schreitest du jetzt langsamer und ausdauernder voran. Immer wieder musst du um Geduld bitten, um Situationen gelassener zu bearbeiten. Du entfaltest dich jetzt mit mehr Ruhe und Bedacht. Dies muss von dir erst erkannt und angenommen werden, denn wir bemerken leichter, was schwerer geworden ist, als das, was wir neu gewinnen. Situationen, in denen du verständnislos und ungeduldig warst, begegnest du im Alter mit mehr Langmut und Gelassenheit, und häufig kannst du über Dinge lächeln, die dich in jüngeren Jahren hätten verzweifeln lassen. Dein weiblicher Menstruationszyklus ist beendet, dein hormoneller Kreislauf kommt zur Ruhe, die Aufs und Abs flauen ab, und du kannst entspannter am Leben teilnehmen.

Die Zeit der weisen Alten ist ein Geschenk, denn sie entbindet von der Verantwortung für die weiteren Familienmitglieder, und du darfst auf ein Leben voller Geben und Nehmen zurückblicken. Sie ermöglicht dir, wenn du das zulassen kannst, ein Leben frei von gesellschaftlichen Zwängen. Diese Veränderung deines bisherigen Lebens braucht Zeit und bewusste Übergänge. Akzeptiere die Veränderung, öffne dich Neuem, und freue dich auf die ungeahnten Perspektiven, für die dir bisher die Zeit fehlte.

Es kann sehr wertvoll sein, wenn die aktive Auseinandersetzung mit diesem Übergang, für die dein Altar ein Instrument ist, von deinen besten Freundinnen begleitet wird. Haben schon einige deiner Vertrauten den Wandel vollzogen und stehen dir beratend zur Seite oder stehen kurz davor und freuen sich, diesen Schritt mit dir zu gehen? Sprich mit ihnen darüber, und erlebt gemeinsam, wie viel Kraft es euch schenken kann, wenn ihr diesen Weg gemeinsam geht.

Der geeignete Platz

Dieser Altar sollte gut behütet stehen. Die von dir verwendeten Utensilien sind sehr persönlich und nicht für die Augen aller anderen gedacht. Suche dir eine Umgebung, in der du dich immer wieder an deinen Altar setzen und seine Energie erleben kannst. Der Übergang braucht Zeit, richte dich also darauf ein, dass dieser Kraftplatz für längere Zeit bestehen bleibt. Erst im späteren Teil des Einsatzes werden deine Freundinnen aktiv mit dir am Altar arbeiten.

Utensilien

Am besten eignet sich als Basis ein längliches Brett. Damit bleibt dein Altar beweglich, und du kannst ihn bei Bedarf an einen anderen Ort stellen. Die längliche Form ermöglicht dir die symbolische Darstellung deines Weges. Wenn du möchtest, kannst du das Brett zusätzlich mit einem Tuch in einer Farbe deiner Wahl bedecken.

Für die symbolische Darstellung deiner Lebensabschnitte brauchst du eine rote und eine silberfarbene Kerze und Streichhölzer.
Schneide dir mindestens zehn schmale Schleifenbänder in unterschiedlichen Farben zurecht. Sie sollten die halbe Länge deines Brettes haben. Fotos und Erinnerungsstücke von möglichst vielen verschiedenen für dich wichtigen Erlebnissen aus deinem bisherigen Leben sollen offenlegen, wie dein Weg bislang verlaufen ist.

Überlege dir, was die Eckpfeiler deines Seins sind und welche Fotos und Gegenstände deine noch offenen Wünsche aufzeigen, die du dir ab jetzt erfüllen möchtest.
Lege auch ein aktuelles Foto von dir bereit.

Die Arbeit mit diesem Thema und dem Altar gliedert sich in zwei Teile. Der erste Teil baut deine Energie auf, der zweite Teil begleitet den Übergang. Folgende Utensilien benötigst du in der zweiten Phase:
Du brauchst ein rohes Ei, möglichst aus biologischer Haltung. Am besten eignet sich ein ungewaschenes Hühnerei, das du selbst aus einem Nest genommen hast. Suche gleich am Anfang nach einem Bauernhof oder einem Hühnerzüchter, wo du dieses Ei bekommen kannst, und hole es zum richtigen Zeitpunkt, damit es frisch ist. Für das Ei brauchst du ein kleines Nest oder Körbchen.
Um eine Spirale zu legen, brauchst du eine sehr lange Kordel. Sisalschnur, häufig als Wäscheleine genutzt, eignet sich gut. Alternativ kannst du auch dicke Wolle nehmen.
Bitte die vertrauten Personen, die dich begleiten, Erinnerungsstücke aus eurer gemeinsamen Zeit mitzubringen. Sie können auch Botschaften für dich auf Zettel schreiben.
Das Zusammentragen deiner Utensilien wird möglicherweise einige Zeit dauern. Sie stehen stellvertretend für Momente deines bisherigen Lebens. Nimm dir angemessen Zeit, und wähle sie mit Bedacht aus. Du hast trotz deines langen Lebens nur eine begrenzte Fläche zur Verfügung.

Aktivierung

Vor dem Aufbau deines Altars solltest du den Ort und deine Aura mit Räucherwerk oder einer anderen Methode reinigen. Prüfe dabei noch einmal, ob sich der von dir ausgewählte Platz für dein Vorhaben harmonisch anfühlt. Atme ein paarmal tief ein und aus, werde innerlich ruhig, und lasse mit jedem Ausatmen die Anspannungen von dir abfallen. Durch das Errichten dieses Seelenortes entscheidest du dich dafür, einen sehr wichtigen Lebensschritt mit einem Altar zu begleiten. In vielen Kulturen ist die anerkennende Aufnahme in den Kreis der Alten damit verbunden, die mit einem Fest gefeiert wird. Sie stellt eine Geste des Respekts dar und soll die bisher für die Familie geleisteten Taten wertschätzen.

Positioniere das Brett an seinem Platz, und lege, falls gewünscht, das Tuch darüber. Eine Entwicklung wird immer von links nach rechts dargestellt, deshalb führt dein Lebensweg auch hier von links nach rechts. Markiere die Mitte deines Lebensweges mit deinem aktuellen Foto. Du stehst jetzt im Leben genau an diesem Übergang. Stelle im linken Bereich mittig deine rote Kerze auf, sie ist das Symbol für deinen fruchtbaren Lebensabschnitt. Alle Erinnerungsstücke finden ihren Platz im linken Bereich: Die ältesten werden ganz links platziert, je jünger sie sind, desto näher liegen sie an deinem Foto. So formst du eine Zeitreise durch deine wichtigsten Erlebnisse.
Betrachte dein Leben, wie es sich dir jetzt zeigt. Nimm die bunten Schleifenbänder, und wähle zwei mehr als die Hälfte davon aus. (Bei zehn Bändern nimmst du sieben in die Hand.) Jedes Band steht für etwas, was dich im bisherigen Leben ausgemacht hat. Ein rotes Band könnte für deine Motivation stehen, ein blaues für deine Gelassenheit, ein gelbes für deinen Humor. Teile jeder Farbe eine Eigenschaft oder Rolle zu, und lege das Band in der linken Hälfte des Altars aus. Lasse dich führen und höre in dich hinein, ob die Bänder geschlängelt oder gerade ausgebreitet liegen sollen.

Stelle die silberfarbene Kerze mittig in den rechten Bereich. Sie markiert dein Ziel, deinen weiteren Lebensweg. Lege die restlichen bunten Schleifenbänder neben deinen Altar, sie bekommen später ihre Aufgabe.

Umgang

Entzünde täglich die rote Kerze, und betrachte deinen Altar. Was empfindest du dabei, deine Erinnerungen so offenbar zusammengestellt zu sehen? Lasse alles zu, was du nun empfindest: Traurigkeit, Mutlosigkeit, Aufbruchstimmung, Freude, Begeisterung – es darf auch alles gleichzeitig sein. Entscheide dich dafür, den Übergang bewusst zuzulassen. Die silberfarbene Kerze, dein Ziel, wirkt als Symbol für deine Weisheit. Was möchtest du ab jetzt tun? Was darf in deinem Leben neu entstehen? Stelle für jede Idee einen Stellvertreter in die rechte Hälfte deines Altars. Die verbliebenen bunten Schleifenbänder markieren Wege, die du ab jetzt gehen möchtest. Wähle die Farben für verschiedene Pläne, denen du nachgehen möchtest. Lege die

Bänder von der Mitte aus in den rechten Bereich so, wie es sich für dich richtig anfühlt.

Nutze die nächsten Tage dazu, deinen Altar auf dich wirken zu lassen. Zünde täglich die rote Kerze an, und rücke sie jedes Mal ein Stück weiter nach links. Sie entfernt sich damit allmählich von der Linie des Übergangs. Dies hilft dir, dich sanft auf die neue Zeit einzustimmen und das Gewohnte loszulassen.

Bist du für den großen Schritt bereit? Wenn du möchtest, dass dich deine Freundinnen begleiten, dann lade sie jetzt hinzu. Erlaube dir aber ebenso, dieses Ritual ganz für dich allein durchzuführen. Plane ein besonderes Fest. Den Aufwand und die Teilnehmer bestimmst du selbst. Ein großes Fest mit vielen Gästen hat ebenso seinen Charme wie die ganz intime Zusammenkunft mit wenigen Vertrauten oder mit dir allein. Für die einfache Lesbarkeit gehe ich im weiteren Verlauf von einer Begleitung durch lieb gewonnene Personen aus.

Erkläre den Teilnehmern bereits im Vorfeld, worum es geht. Bitte sie, dich bei deinem Übergang zu unterstützen und dir die Ablösung von deinem bisherigen Leben zu erleichtern. Betone, dass es zwar ein Abschied wird, du aber gleichzeitig deinen neuen Lebensweg mit offenen Armen begrüßt. Vielleicht hat jemand eine Idee, wie er diesen Moment durch ein besonderes Zeichen begleiten kann, z. B. mit einem Gedicht, einem Poster oder einem Lied.

Ritueller Ablauf

Erkenne zu Beginn die große Leistung deines bisherigen Lebens an. Über viele Jahre hast du mit anderen und für andere Menschen gelebt. Du hast dich dem natürlichen Rhythmus deines weiblichen Zyklus angepasst. Jetzt verlässt du die fruchtbare Zeit, in der du von deinem Zyklus gesteuert wurdest. Die Menopause liegt hinter dir. Die nächste Ebene wird von dir ganz bewusst betreten. Lasse die ungebundene Freude eines Lebens zu, in dem du in der Regel keine Verantwortung mehr für deine Nachkommen übernehmen musst.

Bitte deine Gäste, aus der Kordel oder der Wolle eine große Spirale zu legen. Sie sollte so groß sein, dass du gut hineingehen und in der Mitte bequem stehen kannst. Diese Spirale steht für deinen Lebensweg. Alle Beteiligten legen nun ihre Andenken in die Spirale, an die Stelle deines Lebensweges, an die sie chronologisch gehören. Nach und nach füllt sich deine Spirale mit Erinnerungen. Das Ei in seinem Körbchen steht in der Mitte der Spirale zusammen mit der roten und der silberfarbenen Kerze. Die rote Kerze ist bereits entzündet.
Lasse die Anwesenden sich um die Spirale herum aufstellen.

Nun ist es so weit: Du schreitest langsam in die Spirale hinein und betrachtest dabei jedes Erinnerungsstück, das auf deinem Weg liegt. Sammle es auf, und nimm es mit. Schritt für Schritt gehst du deinen Lebensweg ab – von der Quelle bis ins Heute. In der Mitte angekommen, legst du deine Erinnerungen gut behütet ab.
Nimm das Ei, das Zeichen für Fruchtbarkeit und Vermehrung. Danke dem Vogel, der dir das Ei zur Verfügung gestellt hat. Reibe jetzt deinen gesamten Körper mit diesem Ei ab, und lasse alle Energien aus deinen Zellen in das Ei fließen, die mit deiner körperlichen Fruchtbarkeit verbunden waren. Sprich dabei:

»Die körperliche Fruchtbarkeit gebe ich zurück an die natürliche Ordnung.«

Öffne dich für das Neue, was entstehen möchte. Lege zum Abschluss das Ei zurück in das Nest. Nimm die beiden Kerzen in die Hand, und entzünde die silberfarbene an der roten Kerze. Sprich dabei:

»Ich öffne mich dem Leben in Freiheit und Offenheit und nehme meinen Platz unter den weisen Alten ein.«

Lösche nun die rote Kerze mit den Worten:

»Ich bin dankbar für meine körperliche Fruchtbarkeit. Möge sich diese wandeln und geistige Früchte hervorbringen.«

Nimm das Ei und die silberfarbene Kerze, und schreite Schritt für Schritt bewusst durch die nun leere Spirale zurück ins Leben. Bemerke, wie rein dieser Weg erscheint. Gib den Kreislauf des Lebens frei, indem du jetzt das Ei an einer geeigneten Stelle draußen vergräbst. Übergib es Mutter Erde, damit sie es neutralisieren und die darin enthaltenen Kräfte dem natürlichen Kreislauf zurückgeben kann.
Feiere dieses Erlebnis ausgiebig. Dein neues Leben wartet darauf, von dir erobert und genossen zu werden.

Die rote Kerze bleibt nach dem Ritual aus. Lasse den Altar noch ein paar Tage stehen, und entferne nach und nach die Erinnerungen auf der linken Seite. Dieses Energiefeld nährst du nicht mehr. Entzünde stattdessen die silberfarbene Kerze. Kommen dir neue Ideen, dann lege weitere bunte Schleifenbänder auf der rechten Seite hinzu.
Lasse dich vom Leben inspirieren, und genieße es!

Arbeit mit der Geistigen Welt

Die Arbeit mit den Wesenheiten aus anderen Sphären wie den Naturwesen, Krafttieren, Engeln, geistigen Helfern, Drachen und selbst den Runenwesen ist keine Einbahnstraße. Manche Menschen glauben, dass sie alles nehmen dürfen, weil es ihnen einfach so gereicht wird. Dem ist aber nicht so. Alles Natürliche will in die Balance und fordert seinen Ausgleich. Mir persönlich ist es sehr wichtig, für alle meine Helfer aus den Geistigen Reichen einen kleinen Altar der Wertschätzung und Dankbarkeit zu errichten. Zu häufig vergehen die Tage, ohne dass wir uns darüber bewusst werden, wie viel Hilfe wir bekommen, und ohne dass wir uns bedanken. Ein Kraftplatz, an dem wir uns ganz besonders der Kontakte aus der Geistigen Welt erinnern, stärkt die Zusammenarbeit auf beiden Seiten.

Anrufung der Elemente

Wir sind täglich von den Elementen umgeben. Ohne sie wäre kein Leben entstanden. Unser Körper besteht zu mindestens 65 Prozent aus Wasser, wir atmen die Luft, unser Körper erzeugt mit der Feuerenergie eine Temperatur von mindestens 36 Grad, und die erdigen Knochen ermöglichen überhaupt erst unsere Form und Gestalt. Wir sind den Elementen so nahe, und doch sind die wenigsten Menschen in der Lage, sie bewusst zu beeinflussen. Wir sind von den Geistigen Reichen immer wieder eingeladen, die Grenzen fallen zu lassen und uns mit den Kräften aus der Anderswelt zu verbinden. Auf diese Weise formen wir ein Feld der neuen Gemeinschaft zum Wohl aller Wesen.

Der geeignete Platz

Die Wesenheiten der Elemente und die Bewohner der feinstofflichen Reiche fühlen sich innerhalb und außerhalb der festen Mauern unserer Wohnstätten wohl bei der Aufgabe, den Kontakt zur Welt der Menschen zu pflegen. Fühle dich also auf gleiche Weise von ihnen angenommen und respektiert, wenn du deinen Kraftplatz mitten in deinem Wohnzimmer in der Großstadt errichtest, wie wenn du einen Wald direkt vor deinem Haus hast und deinen Altar der Elemente draußen in der Natur findest. Für die Geistige Welt zählt deine Herzenergie, nicht deine Lebensumstände. Du kannst einen heiligen Platz gleichwohl in einem Park errichten, wenn du ihn in die Natur integrieren möchtest. Bedenke, dass andere Menschen oftmals kein Gespür für den Sinn deiner Handlungen haben und deinen Altar vielleicht nicht als solchen erkennen. Und doch fühlen auch diese Mitmenschen die tiefe Sehnsucht nach Nähe zur Natur.

Auch in deiner Wohnung oder auf dem Balkon ist ein Kraftplatz für die Elemente wunderschön zu integrieren, sodass du die Harmonie mit Leichtigkeit leben und genießen kannst. Du kannst deiner Fantasie und deiner inneren Stimme folgen und deine Elementealtäre frei gestalten, wie es für dich sinnvoll und unterstützend wirkt.

Utensilien

Je nach Tradition werden die Elemente unterschiedlichen Himmelsrichtungen zugeordnet und andere Farben für sie genutzt.

Erdelement

- Im keltisch-germanischen Weltbild: Grün – Norden
- Im angelsächsischen Weltbild: Indigo/Schwarz – Norden
- Im indianischen Weltbild (Lakota-Sioux): Rot – Süden

Feuerelement

- Im keltisch-germanischen Weltbild: Rot – Süden
- Im angelsächsischen Weltbild: Rot – Süden
- Im indianischen Weltbild: Gelb – Osten

Luftelement

- Im keltisch-germanischen Weltbild: Gelb – Osten
- Im angelsächsischen Weltbild: Grün – Osten
- Im indianischen Weltbild: Weiß – Norden

Wasserelement

- Im keltisch-germanischen Weltbild: Blau – Westen
- Im angelsächsischen Weltbild: Rot – Westen
- Im indianischen Weltbild: Schwarz – Westen

Ätherelement

- Das Ätherelement ist keiner Himmelsrichtung zugeordnet. Seine Position ist der Punkt in der Kreismitte. In allen Kreisen, auch in den Menschenkreisen, die verbunden sind, gibt es eine Mitte, deren Energie vom Ätherelement aufrechterhalten wird.

Wähle als Untergrund für deinen Kraftplatz der Elemente das passende Material aus. Gut eignen sich Holzscheiben und Steinplatten, wenn der Untergrund draußen geebnet werden soll, um z. B. Kerzen oder einer Wasserschale einen sicheren Stand zu ermöglichen.
Lege eine Rassel bereit.
Suche für jedes Element passende Gegenstände aus, die als selbsterklärende Stellvertreter wirken. Hier findest du ein paar Anregungen. Schaue deren mögliche Bedeutung im Kapitel »Wirkung verschiedener Elemente und Symbole« nach, lasse dich aber auch gern inspirieren, deine eigenen Gegenstände zu wählen.

Für die Erde:	Schale mit Salz, Erde, Steine, Mineralien, Körner, Apfel, Äste, Zapfen, Baum, Trommel
Für die Luft:	Messer, Athame, Dolch, Schwert, Räucherschale, Windspiel, Räucherwerk, Federn, Flöte
Für das Feuer:	Feuerschale, Schnaps, Wein, Beeren, Kaktus, Kerze
Für das Wasser:	Wasserschale, Spiegel, Silberschale, Brunnen, Regenstab
Für den Äther:	Perlmutt, Regenbogenkristalle, Kristallkugel

Aktivierung

Lasse dich bei der Errichtung eines Kraftplatzes für die Elemente von deiner inneren Führung leiten. Nimm spontan Gegenstände hinzu, die sich gerade anbieten. Blätter, Äste, Beeren, Kräuter – alles, was uns die Natur schenkt, darf genutzt werden. Je nach örtlichen Gegebenheiten können die Größe, Form und Gestaltung eines Dankesplatzes für deine Verbindung zu den Elementen ganz unterschiedlich ausfallen. Jeder Platz, an dem du diesen besonderen Ort einrichten möchtest, eröffnet eigene Möglichkeiten, je nachdem, ob du ihn draußen in der Natur findest oder innerhalb deiner Wohnung gestaltest. Die Arbeit mit den Elementen ist besonders wirkungsvoll, wenn du einen Stellvertreter für jedes Element offen sichtbar hinzufügst. Zeige den Elementen deine Wertschätzung.

Rufe zu Beginn die Elemente hinzu, lade sie einzeln und nacheinander ein. Rassle währenddessen, und drehe dich in die jeweilige Himmelsrichtung. Für den Äther beschreibe mit deinen Händen eine Kuppel, die alles um dich herum schützend unter sich aufnimmt. Erkläre laut die Eigenschaften der Elemente, betone die Geschenke, die du bereits von ihnen erhalten hast, und verkünde ihre Kraft. Zeige auf, welche Lehren du durch die Elemente verstanden hast. Nutze deine Rassel zur Unterstützung, und baue so die Elementeenergie auf.
Dein Altar lebt durch die Natürlichkeit der platzierten Gegenstände. Halte ihn lebendig, tausche unansehnlich gewordene Gegenstände aus. Lasse die Energie wachsen, indem du neue Stellvertreter hinzufügst. Ein Elementealtar lebt.

Umgang

Dieser Seelenort, an dem du die Elemente treffen kannst, lässt dich deren ganz besondere Kraft erfahren. Rieche die Würze der Erde, spüre die Wucht des Windes, genieße die Wärme des Feuers oder der Sonne, erfrische und reinige dich mit dem Wasser. Und über allem erstreckt sich der Äther, der den Raum hält, sodass die anderen Elemente in ihrer vollen Größe und Kraft wirken können.

Die Geister der Elemente mögen Lieder. Lasse deine Stimme erklingen. Dein Gesang muss keinen Regeln entsprechen und benötigt keinen Text. Öffne einfach deinen Mund, und lasse die Töne aus dir aufsteigen, ohne sie zu kontrollieren. Zu Beginn mag das für dich ungewohnt und auch ein bisschen schräg klingen. Je mehr sich dein Kopf ausschaltet und die Freude hinzukommt, desto leichter fließen deine Töne in die Welt. Verschenke dich an die Elemente als Zeichen deiner Wertschätzung. Oder lasse deine Flöte erklingen, und spiele das Seelenlied des Platzes. Spiele einfach los, und lasse die Elemente deines Kraftplatzes die Führung übernehmen. Der Klang deiner Trommel würdigt die Erde. Tanze an deinem Kraftplatz für die Elemente. Erfreue dich an seiner mystischen Stimmung. All dies sind nur Impulse, die dich animieren wollen, deine ganz eigene Verbindung zu den Elementen zu entwickeln. Fühle dich frei, deinem Herzen zu folgen und dich aus deinem Inneren heraus leiten zu lassen.

Arbeite regelmäßig mit diesem besonders kraftvollen und magischen Ort. Achte ihn, und sorge dafür, dass er immer belebt

wirkt. Erscheint die Energie ungleichmäßig verteilt oder unharmonisch, prüfe, ob deine innere Elementeschwingung in diesen Bereichen ebenfalls im Ungleichgewicht ist. Wie innen, so außen – nach diesem Prinzip zeigen dir die Elemente auf sehr klare Weise deine Schwächen. Sie wirken wie ein Spiegel und lehren dich, die Themen zu erkennen, bei denen du Unterstützung benötigst. Meditiere mit den Elementen, lasse sie auf dich wirken, und erkenne dich selbst.

Dein Elementealtar benötigt deine Fürsorge. Mit deiner Hilfe wird er den Platz stärken und in Harmonie bringen, sodass du dich an ihm auftanken kannst. Im Gegenzug braucht er deine Zustimmung und Achtung und dein Lied. So, wie du ihn aktivierst, wird er dich stärken – eine Zusammenarbeit auf Augenhöhe. Tanze regelmäßig nach deinem Rhythmus, singe dein eigenes Lied, und du wirst die Magie der Natur erkennen und schätzen lernen.*

* Wenn du dich darüber hinaus für die Elemente und deren Zusammenspiel mit Runen interessierst, schaue dir gern mein Kartenset »Runenorakel – im Einklang mit den Elementen« oder mein Buch »Erde, Feuer, Luft und Wasser« an.

Deine geistigen Helfer

Götter, Göttinnen, Runen, Krafttiere, die Hüter der Elemente, Drachen, Naturwesen, Engel und viele weitere Wesenheiten sind unsere Helfer und Begleiter aus den feinstofflichen Reichen. Manche stechen aufgrund ihres intensiven Kontaktes mit den Menschen hervor, andere wiederum halten sich ganz dezent im Hintergrund und treten nur zu besonderen Ereignissen in das Bewusstsein.
Bestimmt hast auch du einen solchen Helfer an deiner Seite. Und ziemlich sicher hast du auch schon Kontakt zu ihm gehabt, auch wenn du das Erlebnis nicht eindeutig zuordnen konntest. Die Wesenheiten der geistigen Ebene haben viele unterschiedliche Wege, mit dir zu kommunizieren. Manche sprechen ganz deutlich hörbar, andere zeigen dir erklärende Bilder, und wiederum andere lassen dich in deinem alltäglichen Leben Erlebnisse haben, durch die du dazulernst. Alle teilen sich dir auf ihre Weise mit, wenn auch nicht immer sofort offensichtlich erkennbar. Willst du diesen Kontakt intensivieren und ihn ausbauen? Dann lade die feinstofflichen Wesen ganz bewusst in dein Leben ein. Erschaffe einen Seelenort, an dem du im Kreis deiner Helfer bist.

Der geeignete Platz

Fühle dich frei bei der Wahl des Platzes für den Seelenort, an dem du dich mit deinen geistigen Helfern triffst. Es gibt keine Einschränkungen. Wählst du allerdings einen Platz, der öffentlich zugänglich ist, bist du eingeschränkt in der Dekoration, denn Statuen als bildliche Stellvertreter sind dort nicht geschützt. Möglicherweise ist ein Platz im Wald, in deinem Garten, auf dem Balkon oder in deinem Wohn- oder Schlafzimmer besser geeignet. Der verbindende Seelenort erinnert dich immer wieder an deine Helfer, denn er macht sie durch ihre Zeichen für dich offen erkennbar. Diese besondere Liebe wirkt sich aufbauend auf eure Verbindung aus. Bereits morgens nach dem Aufstehen einen Blick auf deine Göttinnen- oder Götterstatue oder Krafttierstellvertreter werfen zu

können, wird dein Herz öffnen und dich die innige Vertrautheit spüren lassen. Wähle einen Ort, der dir immer wieder Freude bereitet und der so für dich wirkt, dass du an ihm auftanken kannst, wenn einmal alles schiefgeht oder schwer ist. Dieser Ort ist ein kraftvoller Treffpunkt für dich und dein Team.

Du kannst den Altar auch portabel einrichten. Wenn du ihn nur zwischen deinem Wohnzimmer und deinem Balkon hin- und hertragen möchtest, nutze ein Tablett als Basis. Möchtest du mit deinen geistigen Helfern auch ab und zu einen Tag in der Natur verbringen und dich von ihnen in einen Energiekreis einweben und motivieren lassen, dann fertige Stellvertreter für sie an, die leicht transportierbar sind. Das können Zeichnungen, kleine Figuren oder auch Fotos sein. Wenn deine Vorstellungskraft ausreicht, kannst du auch ihren Namen oder ihre Bezeichnung in einen Ast ritzen und diesen als Repräsentanten auf den Altar legen. Anstelle der großen Altarkerze kannst du Teelichter in größeren Gläsern mitnehmen. Errichte am Ziel deines Ausflugs einen Altar für deine geistigen Helfer, und verbinde dich mit ihnen.

Utensilien

Wähle einen Untergrund, der dir persönlich zusagt und für dich eine stabile Basis darstellt. Wenn du möchtest, lege Tücher in den Farben der Himmelsrichtungen aus.
Welche Statuen und Stellvertreter eignen sich besonders gut, um deine Verbindung zu pflegen? Häufig reichen schon ein kleines Tuch in deinen Lieblingsfarben, deine Rassel, eine Kerze und ein Stellvertreter für deinen oder deine Helfer, damit du jederzeit sofort die Verbindung aufbauen kannst. Die Stellvertreter können Fotos, Zeichnungen oder auch Statuen sein. Vielleicht bist du in der Lage, eigenhändig einen Stellvertreter zu schnitzen. Oder du malst ein Abbild auf eine Holzscheibe. Je persönlicher der Stellvertreter für deinen Helfer ist, desto kraftvoller empfindet dein Unterbewusstsein. Stelle in die Mitte des Altars ein aktuelles Foto von dir. Du bildest mit deinen geistigen Helfern ein Team, das das gemeinsame Wachstum unterstützt und trägt.
Fühle dich frei, den Seelenort mit Gegenständen aufzuladen, die für dich besonders sind und die du gern um dich haben möchtest. Das können Mineralien sein oder ein Mandala aus getrockneten Pflanzen, Blüten, Kräutern, Zapfen, Moos, Wurzeln und Aststücken. Lasse deiner Fantasie freien Lauf, und folge deinem Herzen.
Kerzen und Teelichte verzaubern deinen Seelenaltar, mit dem du deine geistigen Helfer würdigst, und lassen eine schöne Atmosphäre entstehen.

Vergiss auch deinen Hausgeist nicht. Er sorgt ständig dafür, dass du dich in deinem Heim geborgen fühlst. Hast du einen Wassergeist, dann errichte einen Brunnen. Ein Luftgeist mag Windspiele, die voller Leichtigkeit tanzen. Für einen Erdgeist kannst du eine Schale mit gesunder Erde aufstellen. Der Feuergeist liebt Kerzen und Feuerkörbe. Auch ein Lagerfeuer, an dessen Rand du dich setzt und meditierst, erfreut deine Helfer. Alle Aspekte deiner geistigen Helferschar sollten gesehen und liebevoll von dir dargestellt werden. Auf deinem Altar machen die Stellvertreter dir sofort offenbar, wer dir den Rücken stärkt.

Aktivierung

Auch für diesen Altar sollte der Raum oder Platz vorher von negativen Einflüssen gereinigt und mit positiven Kräften aufgeladen werden. Nutze reinigendes Räucherwerk, kosmisches Licht oder auch das kraftvolle Klatschen in deine Hände, um die bestehenden negativen Anhaftungen zu lösen. Achte besonders auf Ecken, in denen verbrauchte Energie stagnieren könnte. Öffne in geschlossenen Räumen die Fenster, damit die alten Energien gehen können. Errichtest du deinen Kraftplatz draußen in der Natur, dann betrachte vorher mit klarem Fokus den umliegenden Bewuchs. Wirken einzelne Büsche oder Bereiche dicht, dunkel oder überwuchert? Möglicherweise schottet sich dieser Bereich gerade gegen

Nutzung durch Menschen ab. Sei also achtsam, und respektiere diese Grenze.
Lasse dir Zeit bei der Errichtung dieses verbindenden Platzes. Alle Handgriffe sollten in liebevollem Bewusstsein erfolgen. Du erschaffst etwas ganz Besonderes. Singe deine Melodie, während du diesen zarten und doch so kraftvollen Seelenort einrichtest. Gib dein Lied in Dankbarkeit für alles, was dir zur Unterstützung geschenkt wurde und wird. Auch wenn du darin ungeübt bist, so wird deine Melodie gern von deinen geistigen Helfern angenommen. Beginne damit, ein wenig zu summen. Deine Stimmbänder werden locker, und der Zwang, etwas leisten zu müssen, nimmt immer mehr ab. Aus diesem Summen entstehen Töne, und nach und nach erwächst aus ihnen deine ganz eigene Seelenmelodie. An dieser Melodie wirst du immer wieder erkannt werden. Richte diesen Platz wunderschön ein, und spüre, wie mit jeder Geste die Verbindung zwischen dir und deinen geistigen Helfern stärker geknüpft wird.

Umgang

Wo auch immer ich mich aufhalte, selbst im Urlaub, habe ich immer einen kleinen Altar mit Stellvertretern meiner geistigen Helfer dabei. Das morgendliche Ritual des Anzündens meiner Kerze und des Abbrennens von Räucherwerk (manchmal auch Räucherstäbchen oder -kegel) als Ausgleichsgabe für die Zusammenarbeit verbindet mich mit meinem geistigen Team und dient der Kontrolle meines Ichzustandes. Ich spiele ein Lied auf einer meiner Flöten als Geschenk an den Spirit, die Kraft, die in allem wirkt. Manchmal töne ich auch die Melodie, die in mir entsteht.

Traue dich ebenfalls, aus der Wertschätzung für deine geistige Gemeinschaft ein regelmäßiges Ritual zu erschaffen. Lasse dich auf diese Verbindung ein. Singe dein Lied, wenn du möchtest, während du z. B. die Blumen an deinem Seelenort versorgst. Tanze deine Fröhlichkeit und Lebendigkeit, auch wenn sich das zu Beginn für dich ungewohnt und neu anfühlt. Mit dem regelmäßigen Einlassen

auf diese Kommunikation mit deinen geistigen Helfern verfestigt sich euer Kontakt, und du kannst ihre Botschaften schneller und umfangreicher erfassen. Euer Begegnungsort wirkt aus sich selbst heraus, auch wenn du nicht regelmäßig an ihm meditierst. Er ist fast wie ein geliebtes Haustier, um das man sich kümmert und bei dessen Betreuung das eigene Herz aufgeht.
Dieser Seelenort ist immer da und doch am intensivsten in der Veränderung. Halte ihn lebendig. Nutze seine Kraft für dein tägliches Einschwingen auf das Leben an sich.

Von Zeit zu Zeit, meist zu Neumond, ändere ich meinen Altar. Ich lege frische Blüten, Kräuter, Liköre, Hölzer, Harze und etwas Süßes als Gabe darauf. Vielleicht möchtest du deinen Seelenort auch zusätzlich zu den Stellvertretern mit Gegenständen der Jahreszeiten schmücken und dir bewusst machen, in welcher Zeitqualität du nun aktiv bist.

Dankesaltar

Dankbarkeit ist eine Gegenleistung für etwas, was ich erhalten habe. Alles im Universum strebt danach, ausgeglichen und in Balance zu sein. Auch bei der Zusammenarbeit mit den Geistigen Reichen entsteht Dankbarkeit. Ausgedrückt werden kann sie durch einen dankbaren Gedanken, ein Lächeln, eine gleichwertige Handlung oder durch einen Altar. Dieser zeigt sichtbar, wofür die Dankbarkeit empfunden wird. Das Betrachten eines Dankesaltars erwärmt das Herz, lässt die Erinnerung an ein Erlebnis wieder präsent werden und die Freude des damaligen Augenblicks erneut spüren.

Der geeignete Platz

Einen Altar der Dankbarkeit kannst du überall errichten, wo du möchtest. Mache dir zunächst bewusst, wofür du dankst. Bist du für den intensiven Kontakt und Austausch mit den Naturwesen dankbar, dann ist ein Platz in der Natur geeignet. Passend ist ein Altar an dem Platz, an dem sich ereignet hat, wofür du danken willst. Genauso gut eignet sich aber dein Balkon, die Fensterbank oder ein anderer Platz in deinem Zuhause. Entscheidender als der Platz ist deine Absicht.
Dankbarkeit empfinden wir häufig für die Geschenke der Natur im Laufe der Jahreszeiten. Ein dafür errichteter Altar sollte bei dir zu Hause einen sichtbaren Platz finden. Das Dasein findet im Wandel des Jahreskreises statt und will in seiner Lebendigkeit wertgeschätzt werden.

Utensilien

Die Unterlage für deinen Dankesaltar kann aus Naturmaterialien, einem Holzbrett, einem Tuch, einem großen Tablett oder einem Korb bestehen. Wähle aus, was dir richtig erscheint.
Eine Kerze in einer für dich passenden Farbe sollte auf dem Altar stehen, außerdem Geschenke für die Empfänger deines Dankes.
Schreibe deine Dankesworte auf eine schöne Karte. Besonders intensiv wirkt die Botschaft, wenn du die Karte verzierst. Dafür eignen sich selbst

gesammelte und getrocknete Blüten, Farne und Blätter. Mit einem besonderen Stift geschrieben, fließen deine Liebe und Dankbarkeit in die Worte und bekommen dadurch eine eigene Magie.
Beachte: Alle Lebensmittel und Getränke auf deinen Altären sind Gaben für die Geistige Welt. Du wirst erkennen, sobald deren Energie aufgebraucht ist, und solltest sie dann austauschen.

Naturwesen

Stelle Naturmaterialien auf deinen Altar wie Tannenzapfen, Wurzeln, Moos, Äste und Blumen. Zwerge und Kobolde mögen Likör, Wein und Schnaps, Kekse, Honig, Beeren, Nüsse und Obst. Wähle bei Schokolade eine Sorte mit möglichst reinen Zutaten. Die Farben der Naturwesenreiche sind Grün, Braun, Rostbraun und Rot. Zarte Wesen wie Sylphen, Elfen und Feen mögen auch Rosa, Violett und Hellblau. Räucherstäbchen, Räucherkegel oder Räucherwerk lassen deine Worte und Gedanken in die geistigen Ebenen aufsteigen. Kerzen aus Bienenwachs sind ebenfalls natürlichen Ursprungs. Achte bei Alternativen darauf, dass sie keine künstlichen Bestandteile enthalten.

Genesung

Auf diesen Platz kommt ein Foto von deiner genesenen Körperstelle oder von dir selbst, auf dem du die Freude und Zuversicht der Genesung ausstrahlst. Dieser Altar darf auch Stellvertreter deiner Lebensfreude enthalten. Eine Kerze steht für das Licht des Lebens. Die vorherrschende Farbe für Heilung ist ein kraftvolles Hellgrün.

Wunscherfüllung

Zeige deine Dankbarkeit, und gib einen Ausgleich für die Erfüllung deines Wunsches. Neben einer goldgelben oder goldfarbenen Kerze kannst du deine Dankbarkeit mit Blumen, Herzen und Mineralien ausdrücken. Fertige einen Stellvertreter für deinen erfüllten Wunsch an, und stelle ihn mit auf deinen Altar.

Gute Ernte

Nach den Phasen der Investition, der Pflege und des Wachstums steht die Zeit der Ernte an. Bist du mit dem Ergebnis zufrieden, solltest du aus Dankbarkeit einen Altar errichten. Ein Erntealtar enthält klassischerweise Kornähren, Samenkörner, Blumen und Schleifenbänder in den Farben Blau, Sonnenblumengelb und Weiß. Die Früchte deines Erfolges können durch Obst dargestellt werden. Teile dein Glück mit der Geistigen Welt, indem du Samen für den Neuanfang eines fruchtbaren Zeitraums zurückgibst.

Jahreszeiten

Im Verlauf des Jahres durchläufst du acht Abschnitte. Jeder dieser Zeiträume unterstützt dich bei einer kraftvollen Umsetzung deiner Absichten. Für diese Begleitung kannst du nacheinander je einen Altar errichten, auf dem du die Freude über deine Erkenntnisse und das Erlebte ausdrückst. Dieser Jahreslauf ist eine Überlieferung unserer keltischen und germanischen Vorfahren. Ich möchte dir den groben Rahmen aufzeigen, um dich zu inspirieren, wenn du diese Rhythmen bewusster erleben möchtest.

Jahreszeitenaltäre kannst du sehr gut an deinem Kraftlatz draußen in der Natur errichten. Die angegebenen Daten beschreiben den jeweiligen Höchststand der Energie, aber bereits Tage vorher ist diese kraftvoll zu spüren.

Samhain (31.10./01.11.)	Ahnenzeit, Abwesenheit des Lichts, Rückzug, Neubeginn, Stille Farbe: Schwarz, eine schwarze Kerze, abgefallene Äste, Herbstlaub, Kürbisse und Rüben
Jul (21.12.)	Geburt des Lichts Farben: Dunkelrot, Gold und Silber, täglich eine weitere Kerze auf dem Altar als Zeichen des wachsenden Lichts, Beeren, Nüsse, Kiefern- und Tannenzapfen, Zweige, Mistelzweige, ein Blumentopf mit Erde, in die du Samen setzt
Imbolc (01./02.02)	Kerzenweihe, Reinheit, Jungfräulichkeit Farbe: Weiß, der Topf mit dem Samen, weiße Kerzen in weißen oder klaren Kerzenhaltern (an diesem Tag werden Kerzen für den Bedarf des nächsten Jahres geweiht), Schale mit Erde für das Setzen weiterer Samen, weiße Kristalle und Mineralien, klare/weiße Gegenstände
Ostara (20./21.03.)	Öffnung für das Weibliche und Männliche in allem, Beginn der Fruchtbarkeit und des Wachstums Farben: kräftiges Gelb und Violett, bunte Bänder als Zeichen des Anbandelns, Eier, Weidenkätzchen, Birkenreiser, Symbole für Lebenslust, gelbe Bänder

Beltane (30.04/01.05.)	Fruchtbarkeit, Hochzeit des männlichen und weiblichen Aspekts, Zusammenfügung zu einer Einheit Farben: kraftvolle Töne wie Feuerrot, Stab mit bunten Bändern als Zeichen der erwachenden männlichen Kraft, Athame als Zeichen für die Kraft des Weiblichen
Litha (21.06.)	Mitsommer, Sommersonnenwende, Höchststand der Sonnenkraft, Feiern, Geselligkeit Farben: Sonnenblumengelb, Orange, Meerblau, Kerzen als Zeichen der Sonnenkraft, Sonnenblumen, Johanniskraut, Muscheln, Meersand
Lammes (31.07./01.08.)	Lugnasadh, Schnitterfest, Erntefest, Beginn der Erntezeit Farben: Getreidegelb und Moosgrün, Getreide, Korn, Sonnenblumenkerne, eine aus Korn geflochtene Kornmuhme, moosgrüne Kerzen als Zeichen für Fruchtbarkeit und Wachstum
Mabon (21.09.)	Erntedank, Zeit der Dankbarkeit, goldener Oktober Farben: Orange, Rot, leuchtendes Gelb, Rostrot, Obst, Früchte, selbst gebackenes Brot, Kornblumen, Pilze

Diese Termine wurden nach dem Kalender festgelegt. Eine weitere Zeitrechnung ergibt sich aus dem Stand des Mondes und weicht von den hier aufgeführten Daten ab. Diese Angaben sollen dich animieren, dich mit einem Leben im natürlichen Rhythmus mit den Jahreszeiten und ihrer Geschenke zu beschäftigen. Das Thema des Jahreskreises ist sehr umfangreich und bereichernd.

Dies ist nur eine kleine Übersicht möglicher Dankesaltäre, die deine Fantasie anregen soll. Lasse dich führen, wenn du eine Idee hast. Sei dir sicher, dass du die richtigen Impulse empfängst.

Aktivierung

Damit dein Dankesaltar wirkt, muss er bedingungslos und ohne die Erwartung einer Gegenleistung errichtet werden. Du hast etwas bekommen oder erreicht, wofür du dich bedanken möchtest. Die Energie des Dankes fließt von dir zu demjenigen, der die Erfüllung unterstützt hat. In einer Meditation kannst du dir ein inneres Bild für deinen Altar zeigen lassen. Bitte um eine Antwort darauf, wie du deine Dankbarkeit am wirkungsvollsten ausdrücken kannst. Hast du einen Eindruck erhalten, an welcher Stelle dein Altar gut wirken wird, folge diesen Bildern. Und vergiss nicht: Bei Altären in der freien Natur solltest du immer auf die Brandgefahr bei offenem Feuer achten!

Reinige den Ort zu Beginn mit Räucherwerk, einem Spray oder Energie. Mache dich frei von allem, was dich ablenkt und dein Herz beschwert. Atme mehrmals tief ein und aus, und lasse dabei die Leichtigkeit herein- und die Schwere hinausfließen.

Breite deine Unterlage aus. Stelle die Symbole, die deine Dankbarkeit ausdrücken, darauf, und lasse deine Freude auf den Altar übergehen. Betrachte ihn, und erinnere dich an den Grund, aus dem du ihn errichtet hast. Hast du noch keine Dankeskarte geschrieben, nutze diesen harmonischen Moment, um es nachzuholen, und lege die Karte dann auf deinen Altar.

Betrachte deinen Altar. Fühlt sich für dich alles passend und stimmig an? Entzünde die Kerze(n), und setze oder stelle dich vor diesen Kraftplatz. Rufe die Wesenheiten mit deinen eigenen Worten hinzu, die dafür gesorgt haben, dass du nun Dankbarkeit fühlst. Lasse ihnen Zeit, zu kommen. Öffne dein Energiefeld, indem du deine Herzensschwingung in deine Umgebung strahlen lässt.

Sprich nun laut deine Dankbarkeit aus. Wofür bist du dankbar, und was fühlst du dabei? Sprich auch über deine Gefühle, und lies die Botschaft auf deiner Karte vor. Fühle die Freude und das Gefühl der Dankbarkeit. Tanze, singe oder spiele eine Melodie als Botschaft für die Welt. Das Erlebte wird sich dir einprägen, und du wirst dich noch viel später an diesen Moment erinnern.

Umgang

Zünde täglich die aufgestellten Kerzen an, sie sind ein Zeichen von Leben und Bewegung. Mache dir auch täglich klar, wofür du Dankbarkeit empfindest. Lies dir die Worte auf deiner Karte immer wieder vor, und verbinde dich im Herzen mit dem Moment, für den du Danke sagst. Lasse dein Herz erfüllt sein von diesem Gefühl.

Es ist völlig in Ordnung, wenn du einen Dankesaltar bereits am nächsten Tag wieder auflöst. Sobald du dein Dankesritual vollzogen hast, ist alles gesagt. Wie lange du den Dankesaltars stehen lässt, hängt von der Gelegenheit ab, für die er errichtet wurde. Lasse dich von deinen Impulsen leiten. Wichtig ist nur, dass der Altar bis zu seiner Auflösung gepflegt wird. Eine Dankbarkeit, die verstaubt und trübe wird, bringt schlechte Energie.

RESÜMEE

Ich wünsche mir, dass du durch dieses Buch erkennst, was für eine großartige Unterstützung du dir durch selbst gestaltete Seelenorte geben kannst. Mit Absicht habe ich dir keine festen Anleitungen gegeben, sondern dich dazu angeregt, deiner Wahrnehmung und deinen Gefühlen zu folgen. Mein Ziel ist es, dir zu zeigen, wie du deine eigenen Ideen in die Tat umsetzt, und dich zu inspirieren, deinen Impulsen zu folgen. Alles ist richtig, was gemacht werden möchte. Ein heiliger Seelenort wirkt direkt auf deine Gefühlsebene. Dein Verstand ist hierbei ausschließlich ein Unterstützer deiner Impulse im Hintergrund. Die Leitung übernimmt dein Gefühl für Schönheit, Sinnlichkeit, Liebesfähigkeit und aller anderen Schwingungen, die dich auf Seelenebene berühren.

Die Altäre, die du in diesem Buch beschrieben findest, stehen stellvertretend für unzählige Möglichkeiten der Anwendung. Erkenne das Prinzip, und du kannst es auf viele Situationen übertragen. Ich wünsche mir, dass du diese wunderbare Bereicherung in dein Leben einlädst und dich in deiner Entwicklung unterstützen lässt, so, wie ich es bereits seit mehr als zwanzig Jahren genieße.
Sei lebendig, gehe spielerisch mit deinen Möglichkeiten um, und erlebe die Freude, die aus der Zusammenarbeit mit den Energien erwächst, die diese Erde und alle Lebewesen darauf miteinander verbinden.
Lasse uns zusammen eine Welt der Freude und Zufriedenheit erschaffen.
Tue dir Gutes durch das Gestalten deiner eigenen Kraftplätze für deine Seele.

Mit Liebe von Herz zu Herz
Antara Reimann

DANKSAGUNG

Ich danke von Herzen meinen Verlegern Markus und Heidi Schirner dafür, dass sie einem meiner Herzensthemen die Bühne öffnen, sodass dieses Wissen die Leser bereichern kann. Nach einem langen Weg ist dieses Ziel erreicht, und das wäre ohne diese beiden wundervollen Menschen nicht möglich gewesen.

Ich danke Bastian Rittinghaus und Ina Keller für die kompetente Begleitung im Lektorat und die so angenehme Unterstützung. Allen Menschen des Schirner Verlags danke ich für ihren Einsatz, durch den dieses Buch nun in die Welt gehen kann. Ein gutes Team schafft gute Ergebnisse.

Mein Dank gilt ebenso meinen geistigen Helfern, die mich durch mein Leben begleiten und mir auf diese Weise Lehrer und Freunde sind. Deshalb können Bücher wie dieses hier in die Welt hinausgehen. Die nötigen Erkenntnisse hat mich das Leben gelehrt.

Und zum Schluss danke ich aus tiefstem Herzen meinem Partner Peter Eckel, der für so eine lange Zeit mit ansehen musste, wie ich in den Tiefen des Themas und in meiner eigenen Kommunikation abtauchte. Danke für deine Geduld und das Halten der Energie.

ÜBER DIE AUTORIN

Antara Reimann ist zertifizierte schamanische Heilerin nach den Richtlinien des »Shamanic Healing« des »Bridget Healing Centre« (T. C. O. T. S.), Glastonbury/Großbritannien, sowie anerkannte Heilerin im »Dachverband Geistiges Heilen e. V.« (DGH e. V.). Seit 1993 leitet sie das spirituelle Zentrum »Licht-Focus« mit Sitz im nördlichen Westerwald. Ihr Angebot erstreckt sich von Seminaren, Meditationen und Erlebnisabenden über Ausbildungen im europäischen Schamanismus bis hin zu spirituellen Bildungsreisen, zum Beispiel nach Südengland.

Antara Reimanns Wissen ist breit gefächert über viele Themengebiete und zeichnet sich durch vielfältige eigene praktische Erfahrungen aus. Mehrjährige Weiterbildungen in England lassen sie über den Tellerrand hinausschauen und vieles gekonnt miteinander abgleichen und verbinden. Ihr persönlicher Kontakt zu Angehörigen der Crow-Indianer in Montana unterstützte sie dabei, den eigenen europäischen Weg zu entwickeln.

Antara Reimanns Helfer aus den Geistigen Reichen sind die Eulen. Diese führen sie zu dem verborgenen Wissen zwischen den Welten und übergaben ihr die Aufgabe, das, was heute wichtig ist, hervorzuholen und in die Sprache der Jetztzeit zu übersetzen.

Zu den alten Kräften, die heute wieder beachtet werden wollen, gehören die Runen. Im Sommer 1995 erschienen die Runen zum ersten Mal in Antara Reimanns Leben und sind ihr seitdem beständige Begleiter geblieben, die ihr immer wieder mit gutem Rat zur Seite stehen. Antara Reimann ist seither auf vielen Veranstaltungen vertreten gewesen und bietet regelmäßig Runenberatungen und -analysen an. Ohne die Frage zu wissen, interpretiert sie die erscheinenden Runenkräfte und bringt sie in einen treffenden Kontext, sodass jede Frage auf den Punkt beantwortet wird.

2006 erhielt Antara Reimann in Glastonbury den Auftrag von der Großen Göttin, erneut den Kontakt zwischen dieser und den Menschen herzustellen. Es folgte über viele Jahre hinweg eine intensive und bereichernde Lehrzeit. Heute arbeitet Antara Reimann als Medium für die Große Göttin und bringt deren Botschaften zu den interessierten Menschen. Wichtig ist ihr dabei die Zusammenführung der weiblichen und männlichen Kräfte in harmonischer Balance, ohne Geschlechterdefinition und Machtkampf. Die von ihr organisierten und geleiteten spirituellen Bildungsreisen führen nach Glastonbury, dem Gestalt gewordenen Avalon, an den Ort, an dem der Großen Göttin ganz leicht begegnet werden kann.
In ihren Büchern, Vorträgen und Youtube-Videos können interessierte Menschen an diesem Wissen teilhaben und sich anregen lassen, ebenfalls mit Neugierde ihrer Spur zu folgen.

»Think globally – act locally«, so lautet einer ihrer Lebensgrundsätze. Und ein weiterer: »Betrachte die Auswirkungen des Handels von der übergeordneten Ebene aus. Erforsche die Wurzeln der Gegend, in der du lebst. Welche Kräfte wirken dort?« Im europäischen Teil unserer Mutter Erde geboren, fühlt sie sich mit den hier wirkenden Wesenheiten und Kräften verbunden und verrichtet mit offenem Herzen und einer gehörigen Portion Humor die Aufgaben, die für sie vorgesehen sind.

www.LichtFocus.de | www.Spur-der-Schamanen.de
www.voices-for-healing.de | bit.ly/AntarasYoutube

BILDNACHWEIS

Bilder von der Bilddatenbank www.shutterstock.com:

Schmuckelemente auf allen Seiten: lila Ornamente #10535440 (©Mike Monahan), Holzhintergrund S. 30–39: #526893391 (©Nella), Bilder am unteren Seitenrand: Wiese #100248917 (©Anton Petrus), Pusteblumen #139319864 (©Artush), Sonnenreflexion #117708292 (©Surkov Vladimir), Blumen #110877350 (©Sundari), Vergissmeinnicht #101363893 (©Lijuan Guo), Kirschblüten #131123039 (©Artens), kleine Blumen # 270038441 (©Gajus), sonnige Wiese #153365738 (©Rock and Wasp), Gänseblümchen #183780392 (©Sofiaworld), Orchideen #183736493 (©Seqoya), blühende Goldrute #177391838 (©Gl0ck), Rosenblüten #246759100 (©Nella), Waldboden #1510877831 (©Hanahstocks), Kirschblüte #183245525 (©Dark Moon Pictures), Herbstwiese #1458728828 (©ju_see), Lavendel #208669909 (©PhotoIris2021), Holzfußboden #160499864 (©LilKar)

Weitere Bilder: S. 1: #1050802598 (©Maksim Gusarov), S. 6: #1998043658 (©ju_see), S. 8: #1714054660 (©Vesna beauty), S. 10: #1499512772 (©f11photo), S. 12: #149859467 (©chrisdorney), S. 15: #1616037685 (©alexkich), S. 16: #1940839465 (©ju_see), S. 19: #2049903203 (©ju_see), S. 20: #1596031876 (©Microgen), S. 23: #1062446834 (©CoralAntlerCreative), S. 26: #1961325952 (©LightField Studios), S. 28: #1955282308 (©ju_see), S. 29: #1055032931 (©CoralAntlerCreative), S. 30/31: #109393181 (©KsushaArt), S. 31: #151572284 (©Velazquez77), S. 32: #2009947736 (©ju_see), S. 33: #1037919208 (©Artem Kutsenko), S. 33: #61230454 (©Miiisha), S. 34: #16715077 (©Gerrit_de_Vries), S. 34: # 24325810 (©Galushko Sergey), S. 34: #265135853 (©Albert Russ), S. 35: #1413759173 (©Shelli Jensen), S. 36: #1039441864 (©LiuSol), S. 36: #1708350724 (©Subbotina Anna), S. 36: #91456619 (©Art_Pictures), S. 37: #1929259190 (©Olga Ilinich), S. 37: #395717434 (©Bozhena Melnyk), S. 38: #1039441864 (©LiuSol), S. 38: #1836708784 (©Ihor Hvozdetskyi), S. 39: #182472887 (©Olga Miltsova), S. 39: #583508770 (©Little honey), S. 40: #329035496 (©Its design), #1111667201 (©Aygun Ali), #381807733 (©KlaraDo), S. 41: #1063601558 (©Adrian Today), S. 42: #1087973234 (©CHOKCHAI POOMICHAIYA), S. 44: #1947155479 (©Nakaya), S. 45: #534547657 (©Evgeniy Sergeyevich Sinyutin), S. 47: #1228158892 (©CreativeFireStock), S. 50: #1349573693 (©CreativeFireStock), S. 52: #1047700396 (©CoralAntlerCreative), S. 53: #10207963 (©kwest), S. 56: #162275375 (©Natali Zakharova), S. 56: #1917602036 (©Kittyfly), S. 59: #1456504667 (©CoralAntlerCreative), S. 60: #1081268750 (©ju_see), S. 62: #1619202877 (©Olena Yakobchuk), S. 64: #1238814697 (©CreativeFireStock), S. 65: #1229222656 (©CreativeFireStock), S. 67: #1349573681 (©CreativeFireStock), S. 70: #1409812772 (©ju_see), S. 72: #1808709781 (©T.Den_Team), S. 76: #1915464013 (©ju_see), S. 83: #1698469606 (©Shchipkova Elena), S. 85: #1651553866 (©Denys_kh), S. 88: #1874578546 (©Vera Petruk), S. 89: #1182793921 (©M. Schuppich), S. 91: #1497087746 (©Vera Petruk), S. 92: #2035971296 (©Neirfy), S. 95: #1963174462 (©Photos by Michi), S. 97: #1937874502 (©FamStudio), S. 98: #1811626969 (©FotoHelin), S. 101: #1949468764 (©Photos by Michi), S. 102: #1781193545 (©Gulsina), S. 104: #1696501489 (©jessicahyde), S. 107: #782884225 (©Sven Jakubith), S. 108: #1963174447 (©Photos by Michi), S. 109: #307235672 (©ESB Professional), S. 111: #1471382024 (©Vera Petruk), S. 114: #1927898885 (©Nakaya), S. 122: #1832738074 (©AnVdErGiA), S. 126: #1471381979 (©Vera Petruk), S. 129: #740976922 (©Martin Castrogiovanni), S. 131: #553954429 (©Martynova Marina), S. 132: #1292005288 (©FotoHelin), S. 134: #189408656 (©HandmadePictures), S. 136: #1197082618 (©Karina Romanenko), S. 138: #1055031434 (©CoralAntlerCreative), S. 141: #1047072859 (©CoralAntlerCreative), S. 145: #558929383 (©2shrimpS)

Die Kräfte der Runen & Elemente entdecken

Schirner Verlag

200 Seiten, ISBN 978-3-8434-1432-6

Antara Reimann & Peter Eckel
Rauhnächte und die Kraft der Runen
Alte Bräuche in einer modernen Zeit

168 Seiten, ISBN 978-3-8434-1434-0

Antara Reimann & Peter Eckel
Erde, Feuer, Luft und Wasser
Rituale und Wissen rund um die Naturelemente

144 Seiten, ISBN 978-3-8434-1356-5

Antara Reimann
Runenrituale für die alltägliche Praxis

Danke für deine REZENSION

– Gemeinsam sind wir mehr –

Liebe Leserin, lieber Leser,

von Herzen danken wir dir, dass du dieses Buch in den Händen hältst und es bis zum Ende gelesen hast. Das bedeutet uns, dem Schirner Verlag und seinen Autoren, sehr viel. Aus voller Überzeugung und mit Hingabe widmen wir uns seit vielen Jahren Themen, die unser aller Lebensqualität und Bewusstwerdung dienlich sind, und hoffen, einen Beitrag für eine lichtvollere Welt leisten zu können. Wenn dir unsere Arbeit gefällt, möchten wir dich bitten, dir einige Minuten Zeit zu nehmen, um dieses Buch zu rezensieren. Warum? Die meisten Menschen lesen Rezensionen, bevor sie ein Buch kaufen, da sie hierdurch einen Eindruck bekommen, ob und wie der Inhalt des Buches den Leser erreicht hat. Eine kurze Rezension ist dabei ebenso hilfreich wie eine lange, sehr ausführliche. Um es auf den Punkt zu bringen:

Eine Rezension ist heutzutage die beste Werbung für ein Autorenwerk!

Wenn du den Schirner Verlag und seine Autoren neben dem Buchkauf auch anderweitig unterstützen willst, dann bitten wir dich: Schreibe für jedes Werk eine Rezension – vielleicht als persönliche Leseempfehlung für die Buchhandlung in deiner Nähe oder online, z. B. beim Schirner Verlag. Das wäre nicht nur eine Wertschätzung für die Autoren, sondern kann dazu beitragen, dass die Verkaufszahlen steigen und der Schirner Verlag auch in herausfordernden Zeiten Bestand hat.

WIE SCHREIBT MAN EINE REZENSION?

Grundsätzlich sollte eine Rezension aus der eigenen, subjektiven Sicht geschrieben werden, da es sich um eine persönliche Meinung handelt. Du kannst in zwei Sätzen deine Gefühle zu dem Buch äußern oder eine längere Rezension verfassen. Falls du nicht weißt, wie du beginnen sollst, hier ein paar Anregungen:

- War das Buch leicht verständlich geschrieben? Wie hat dir die Sprache gefallen? Wie war die Aufteilung zu den verschiedenen Themen?
- War es unterhaltsam? War es deiner Meinung nach mit Herzblut und Liebe geschrieben? Wie hat es auf dich gewirkt?
- Hat es dein Herz berührt? Konntest du dich wiederfinden?
- War es tief greifend genug? Hast du viel Neues gelernt?
- Hat es gehalten, was der Titel und die Buchbeschreibung versprochen haben? Hat es deine Erwartungen erfüllt?
- Was macht das Buch besonders? Warum sticht es heraus im Vergleich zu anderen Büchern, die ein ähnliches Thema behandeln?
- Würdest du das Buch weiterempfehlen oder verschenken?

Dankeschön